기업 읽어드립니다

기업 읽어드립니다
: Read the Brand

내 일에
새로운 영감을 주는
브랜드 12

이가희 지음

프롤로그

기업은 살아 움직이는 유기체 같습니다. 위기를 딛고 일어나 꽃을 피우며, 영원할 것 같다가도 한순간 역사의 뒤안길로 사라지기도 하죠. 창업자의 정신을 많이 담고 있지만, 창업자가 전부는 아닙니다. 마치 세포처럼 유기적이고 복합적인 작용을 통해 기업이 작동합니다.

 스탠퍼드 대학 비즈니스스쿨 교수인 짐 콜린스Jim Collins가 쓴 《좋은 기업을 넘어 위대한 기업으로》를 아주 재미있게 읽었습니다. 5년 동안 장기 존속하면서도 성과를 내고 있는 기업들을 표본 조사하여 공통점을 찾아 정리한 책이었습니다. 처음 책을 읽었을 때, 짐 콜린스가 책 속에서 제시하고 있는 내용들이 건강하고 좋은 기업의 절대적인 원칙이라고 생각했습니다.

하지만 2008년 금융위기가 닥치자 이 기업들은 힘없이 스러집니다. 그래서 짐 콜린스는 다시 이들을 연구 조사하여 기업의 몰락 5단계를 다룬 《위대한 기업은 다 어디로 갔을까》를 썼습니다. 처음 책을 쓰는 시점에는 탄탄할 것 같았던 기업들도 쉬이 고꾸라진다는 점에 짐 콜린스도, 독자인 저도 매우 놀랐습니다. 세상에는 분명한 위너와 절대적인 성공의 원칙이 있다고 생각했기 때문입니다.

회사를 나와 막상 사업을 시작해보니, 모든 것이 생각 같지 않았습니다. 사업은 위대한 신념으로 힘차게 달려 나가는 것보다는 고통스럽고 찌질한 순간을 견뎌내는 것에 가까웠습니다. 저 역시 사업을 하다가 처음 계획과는 다르게 책을 소개하는 유튜브 활동을 하게 됐지만, 구독자가 영 늘지 않았습니다. 그렇다면 차라리 책 중에서도 제가 더 좋아했던 경영서 그리고 기업에 관한 이야기를 소개하기로 했습니다.

사실 기업의 탄생부터 흥망성쇠 이야기를 읽는 건 너무나 흥미진진합니다. 창업자치고 바닥에서 시작하지 않은 사람이 없고, 위기를 극복하면서 성장하는 스토리는 웬만한 소설 속 주인공의 뺨을 후려치죠. 또, 불굴의 의지는 자기계발서가 되어 저를 진하게 위로하고 용기를 불어넣었습니다. 기업을 운영하면서 깨달은 노하우는 경영학자들의 책보다 더 생생했고, 일부 인간을 깊이 이해하는 창업자들의 이야기는 인문서와도 같았죠.

그렇게 기업의 이야기를 읽고, 찾아 공부하면서 저는 힘든 시간들을 많이 이겨냈습니다. 유튜브 채널을 통해 많은 구독자 분들과 이와 같은 내용을 함께 나눴습니다. 그 과정에서 저 같은 '기업 덕후'들을 만날 수 있었습니다. 구독자도 좀 더 늘었죠.

또 지나가던 기업 덕후 방송국 PD님의 제안으로 MBC 라디오 '굿모닝FM 테이입니다'에서 기업 이야기도 할 수 있었습니다. 저는 주로 실리콘밸리의 테크 기업들을 많이 다뤘었는데, 라디오에서는 대중적으로 널리 알려지고 친근한 소비재가 반응이 좋았고, 한국 기업이나 소비재기업까지 두루 살펴볼 수 있었습니다. 범위가 넓어지니 더 많은 공부가 됐죠. 기업 덕질은 제가 영위하고 있는 사업 활동에도 긍정적인 도움을 주었습니다.

이 책에는 그 많은 기업 중 제가 사랑해 마지않는 기업을 고르고 골라 담았습니다. 물론 저뿐만 아니라 많은 사람들이 사랑하는 기업입니다. 매출순도 아니고, 카테고리 1등만 있는 것도 아닙니다. 하지만 누가 봐도 두텁고 확고한 팬덤을 가진 기업들이죠.

동서고금에 흩어진 기업들을 몇 가지 기준으로 선별해보았지만, 여기 소개한 기업들의 가장 큰 공통점을 꼽자면 '마이웨이'입니다. 미투 전략으로 성장한 브랜드는 없습니다. 이 책

프롤로그

속 기업들은 모두 뚜렷한 아이덴티티로 없었던 제품을 내놓았거나, 없던 시장을 개척했습니다. 그리고 그 근본에는 확고한 믿음이 있었습니다. 인간에 대한 애정과 세상을 향한 긍정적이고 따뜻한 시각이었죠.

또 다른 공통점은 이 일을 시작하고, 일궈낸 사람들은 다 평범한 사람이었다는 사실입니다. 가슴 속에 있는 욕망을 위해 사업을 시작했지만, 찌질한 흑역사 하나씩은 있고, 또 아주 어려운 시간들을 버텼죠. 그것은 분명 희망을 줍니다. 하지만 우리는 또 압니다. 화무십일홍이라, 눈부시게 빛나는 기업의 이 순간도 언젠가는 언제 있었냐는 듯 사라질 수 있음을. 그래서 또 다른 기업에게 영광의 자리를 내어줄 거라는 것도요. 그래서 이 책은 성공담과 성공할 수 있는 비결이 아니라, 자본주의라는 생태계에서 기업들이 저마다의 방식으로 버티고 살아남는 이야기입니다.

덕질로 시작한 일이지만, 기업 이야기를 하는 것은 늘 조심스럽습니다. 신뢰할 만한 정보원은 누구나 접근 가능한 정보기도 합니다. 한 기업을 파고 들어갈 때는 더 이상 내가 읽지 않은 문서가 없을 때까지 자료를 수집하고, 읽어 치우지만 이야기를 재구성하여 전달하는 것에 대한 마음의 빚이 있었습니다.

그런데 어느 순간 저는 널려 있는 수많은 사실들을 모아 읽기 좋게 이야기를 짓는 '이야기꾼'이라는 생각이 들었습니다.

   제가 어떤 기업과 창업가를 이해하고 해석한 대로, 제가 느낀 감동을 최대한 전달하려 합니다. 궁금한 점은 기업에서 공개하는 데이터에 더 접근해서 조금만 파헤쳐 보신다면 또 다른 재미를 느낄 수 있을 겁니다. 제가 책에는 차마 담지 못한 기업의 비사까지 닿을 수도 있겠죠.

   함께 기업을 탐험하는 과정에서 여러분도 저처럼 위안을 얻고, 또 기억해주셨으면 좋겠습니다. 우리가 사랑한 기업은 천천히 묵묵히, 자기 모습 그대로 그저 자기 할 일에 최선을 다했다는 것을요.

이가희 드림

차례

크록스 ••• 14
못생김을 인정하면 벌어지는 일

다이소 ••• 30
Z세대가 화장품 사러 다이소에 가는 이유

빙그레 ••• 50
환갑에 가까운 브랜드가 Z세대와 노는 방법

블루보틀 ••• 68
성장도 드립커피처럼 천천히,
이유 있는 속도

아크테릭스 ••• 86
디자인도 마케팅도 없이
최고의 브랜드가 된 비결

다이슨 ••• 102
실패를 장려하고, 실패에 투자하는 기업

룰루레몬
레깅스 전성시대를 연 투박한 남자
••• 120

에어비앤비
낯선 사람 집에서 안심하고 자게 하기
••• 140

샘표
전 국민이 요리하는 그날까지
••• 158

파타고니아
사업은 수단일 뿐, 우리의 목적은 지구
••• 176

이솝
완벽을 추구하는, 타협 없는 제품 철학
••• 198

치폴레
Z세대가 맥도날드 대신 선택한 패스트푸드
••• 218

크록스 crocs

못생김을 인정하면 벌어지는 일

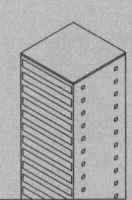

2002년도에 설립된 미국의 신발 브랜드로 악어를 뜻하는 단어 '크로커다일'에서 가져왔다. 물과 육지에서 모두 생활하는 악어처럼 물에 강하다는 특성을 강조했다. 출시 직후 큰 인기를 끌었으나, 제품의 라인을 무분별하게 확장하면서 위기를 맞았다.
반전의 계기는 못생김을 인정하면서 일어나는데⋯.

부산에 가면 맛집을 한 곳이라도 더 가보기 위해서 갈맷길을 찾아 배를 꺼뜨리곤 합니다. 제가 좋아하는 길은 오륙도에서 출발하는 이기대 해안 산책로. 이번에 찾았을 때는 산책로 입구에 있는 오륙도 해맞이공원을 들렀는데, 아기자기하고 예쁘면서도 부산을 잘 상징하는 기념품이 많더라고요.

요즘 기념품 코너에 빠지지 않는 것이 있으니 바로 크록스에 달 수 있는 액세서리 '지비츠™'입니다. 그곳에서도 부산을 상징하는 캐릭터로 만든 귀여운 지비츠를 팔고 있었습니다. 마스코트 캐릭터를 가장 유용하게 쓸 수 있는 기념품이기 때문일 겁니다.

사실 지비츠는 크록스의 자회사에서 판매하고 있는 브랜드 이름입니다. 그러니 지비츠라는 이름을 써서 상품을 판매한다면 상표권 위반입니다. 크록스가 아닌 사업자들이 판매하는 경우, 지비츠를 지비츠라 부르지 못하니 크록스용 '파츠', '참' 등으로 부르며 팔고 있죠. 또 한 가지, 거리에서 판매하는 지비츠는 디즈니나 픽사 등의 캐릭터를 무단으로 사용하는 경우가 많습니다. 크록스에서 파는 정품 지비츠는 라이센스 비용을 지불한 제품이죠.

그러나 사실 거리에서 파는 이런 '짝퉁' 지비츠가 정품 지비츠보다 예쁜 건 사실입니다. 당장 인스타그램에 #신꾸(신발 꾸미기)라고만 검색을 해봐도 지비츠로 화려하게 장식한 크록스가 어마어마하게 등장하는데요. 이 때문에 크록스를 사고 싶은 지경이죠. 그러니 크록스는 사실 거리에서 파는 지비츠들에게 고마울 겁니다.

욕실화의 혁명

40세의 미국인 린든 핸슨 Lyndon Hanson 은 친구네 집 소파에서 살고 있었습니다. 그는 9.11 테러 이후 직업을 잃었고, 집을 잃었으며 아내는 아이들을 데리고 떠났죠. 설상가상으로 어머니까지 돌아가셨습니다. 인생의 바닥에 있던 이때, 친구 스콧 시먼 Scott Seamans 와 조지 보데커 George Boedecker 는 우울한 린든 핸슨의

크록스

목덜미를 끌고 멕시코로 향했습니다. 그들이 가끔씩 즐기던 보트를 타자고 한 거죠.

그때 친구 스캇은 못생긴 욕실 슬리퍼를 신고 왔는데요. 그의 회사에서 만들던 나막신 샘플이었습니다. 친구들은 깔깔 웃었습니다. 일반적인 보트화Deck shoes는 로퍼처럼 생겼고, 밑창이 고무로 되어 있으며 가죽 끈을 매도록 만들어졌습니다. 미드나 영드를 보면 클래식한 멋으로 신는 일상화로 등장하는데요. 그 멋진 보트화 사이에 친구가 욕실화 같은 걸 신고 있으니, 얼마나 웃겼을까요.

그러나 집으로 돌아갈 때 즈음에는 친구들 모두 이 신발에 반해 있었습니다. 신발은 편안하고, 미끄러지지 않았고, 가벼워서 물에 뜨기까지 했습니다. 보트화와 달리 냄새도 나지 않았죠. 돌아가는 길에 그들은 사업을 하기로 결심했고, 그 신발의 특수 소재를 만든 캐나다 회사 '폼 크리에이션즈Foam Creations'를 찾아가 라이센스 계약을 맺었습니다.

이들은 신발 사업에 경험이 없었지만 보트를 좋아하는 마음 하나로, 배에서 신기 좋게 개량한 신발을 만들어냅니다. 그리고 물과 육지에서 모두 생활하는 악어, '크로커다일'에서 차용한 '크록스'라는 이름을 붙였죠. 시제품 200개를 만들고 마이애미에 창고를 열었는데요. 초기자금이 넉넉하지 않은 탓에 경비를 줄이기 위해 배 위에서 생활할 정도였습니다.

2002년, 이들은 마이애미의 한 지역 보트쇼에서 처음으로 크록스를 선보였습니다. 다행히 준비해간 신발은 완판! 보트를 타는 사람들은 신발의 편리함을 한눈에 알아봤고, 그뿐만 아니라 인근에 있는 식당과 병원 사람들도 작업화로 쓰겠다며 사 갈 정도였습니다.

크록스의 장점은 소재에 있었습니다. 바로 크로슬라이트 Croslite라는 폴리우레탄 계열의 합성수지였는데요. 이는 매우 가볍고 유연합니다. 체온이 닿으면 발 모양에 맞게 변형이 되기 때문에 발바닥과 창 사이가 들뜨지 않고, 힘이 고르게 분산돼 착용할수록 매우 편해지죠.

또, 이 소재는 항균작용이 있어 세균이 번식하기 힘듭니다. 발 냄새의 원인은 세균인데, 크록스의 항균작용으로 인해 냄새가 안 나게 되는 거죠. 이 항균작용 덕분에 출시 초기부터 의료진이나 식당에서도 입소문을 타고 많이 찾게 되었습니다.

무엇보다 가장 큰 장점은 사출성형, 즉 찍어내기가 가능하다는 점입니다. 원래 신발은 손수 봉제와 접착을 반복하는 노동집약적 산업입니다. 디자인을 한 후 출하되기까지 6개월 정도의 시간이 걸리죠. 그런데 크록스 신발은 재료를 형틀에 채워서 냉각하는 방식이라 생산이 훨씬 빠르고, 노동력이 안 들어가는 만큼 비용이 저렴합니다.

사업이 흥한 지 얼마 되지 않은 2004년, 이들은 아예 소재 회사인 '폼 크리에이션즈'을 인수함으로써 이 소재를 독점했습니다.

크록스

모든 신발을 다 만들다 맞은 암흑기

크록스가 출시됐을 때 반응은 뜨거웠습니다. 크록스는 2006년 나스닥에 상장했고, 90개국으로 진출했습니다. 한국에는 2008년에 들어왔는데, 당시 베이징 올림픽에서 한국 선수들이 크록스를 신는 모습이 많이 노출되면서, 한국에 들어오자마자 특수를 맞았습니다. 몇 년간 한국의 워터파크에서는 긴팔 래시가드와 크록스가 마치 교복처럼 많이 보였죠.

세 사람은 창업 3년만인 2005년, 회사가 호황을 맞기 시작하자 전문경영인을 세우고 경영 일선에서 물러났습니다. 이때 등장한 CEO는 인수합병 경험이 많았던 '론 스나이더Ron Snyder' 입니다. 그는 제조 역량을 향상시키기 위해 전 세계의 제조공장을 인수하면서 크록스의 직접 생산을 늘려갔습니다. 또 많은 신발 브랜드를 인수하고 합병했는데요. 바이트 풋웨어, 오션 마인디드, 엑소 이탈리아 등의 브랜드를 인수하면서 제품을 다각화했습니다. 크로슬라이트 소재를 기존의 신발 디자인에 적용해 제품을 다각화하고자 했죠.

이 시기의 크록스 제품을 기억하실지 모르겠는데요. 매장에는 정말 별의별 신발들이 등장했습니다. 마치 우리네 전통시장에서 볼 법한 신발가게처럼 고무신 같은 디자인이나 젤리슈즈 같은 것도 있고, 급식실에서 신을 것 같은 투박한 슬리퍼도 있고, 장화도 있었죠. 디자이너가 우리나라에 와서 레퍼런

스를 가져간 게 아닌가 싶을 정도인데요

사실 이때도 우리나라에선 잘 팔렸습니다. 한국에서는 유난히 크록스의 암흑기가 별로 없었죠. 하지만 해외에서는 반응이 매우 안 좋았습니다. 한 방송에서 리포터가 길거리에서 시민 몇몇 사람에게 크록스의 신발을 보여주며 물었는데, 아무도 크록스 브랜드인지 알아보지 못했습니다.

디자인이 난잡해지자 소비자들은 크록스에 등을 돌렸습니다. 게다가 글로벌 경기 침체까지 더해지면서 2009년에는 주가가 바닥으로 추락했고, 크록스는 파산 위기에 놓였습니다.

크록스를 신느니 그냥 죽겠다!

사실 크록스는 그동안 못생겼다고 구박을 많이 당했습니다. 2007년에 HBO의 유명 앵커인 빌 마허 Bill Maher 는 "못생긴 그 플라스틱 신발 좀 그만 신어라. 유치원생이나 정신병자가 신을 만한 거다."라면서 비난을 퍼부었고요. 2010년 타임지는 세계 50가지 최악의 발명품으로 크록스를 꼽았습니다. 또, 저스틴 비버에게 크록스를 선물 받은 빅토리아 베컴은 인스타그램에 "비버에겐 고맙지만, 크록스를 신느니 그냥 죽겠다."라고 포스팅했습니다. 크록스 안티 카페까지 생길 정도였죠.

2017년, 현재의 CEO인 앤드류 리스 Adrew rees 가 취임했습니다

크록스

다. 그는 일부 공장을 매각하고, 주요 제품을 위탁하기도 하면서 우선 재정적으로 어려워진 회사를 구조조정했습니다. 무엇보다 못생김을 인정하기로 합니다. 오이 논쟁, 민트초코 논쟁처럼 이 호불호를 즐기기 시작하죠.

  앤드류는 원조 못생김이자 크록스의 기본 디자인인 '클로그Clog'에 집중하고 나머지 신발 라인을 모두 없애 버립니다. 클로그란 원래 수위가 낮은 네덜란드에서 많이 신던 나막신입니다. 물이 젖지 않도록 앞이 투박하게 생겼는데요. 크록스의 클로그도 이를 닮아 앞코가 투박한 모양을 하고 있죠.

  그런데 이 클로그는 그 사이 재미있는 무기가 하나 생겼으니, 우리가 처음에 살펴봤던 '지비츠'입니다. 지비츠는 세 아이의 엄마였던 셰리 슈멜저Sheri Schmalzer가 아이들의 크록스에 리본을 달아주고 액세서리도 달아주던 데서 시작합니다. 아이들이 학교에 신발을 신고 가니 인기 폭발이었죠. 그러자 이 가능성을 알아본 남편이 "우리 이거로 사업을 해보자."라고 했고, 부부는 지하실에 '지비츠'라는 액세서리 업체를 차립니다. 남편인 리치 슈멜저는 이미 사업도 해보고, 매각도 해본 사람이었어요. 특정 제품이 성장할 때, 이와 호환되는 악세사리를 생산하면 나타나는 시너지를 직감한 거죠. 마치 스마트폰이 성장할 때, 스마트폰 케이스 업체들이 특수를 누린 것과 같습니다. 리치 슈멜저의 예감은 맞아떨어졌고 매출은 증가했습니다. 직원은 40명으로 늘어났고, 미국 3,300개 매장과 유럽과

중동에도 납품할 만큼 사업체가 커졌습니다.

하루는 이들의 딸이 지비츠로 장식된 크록스를 신고 수영장에 갔는데 어떤 남자가 명함을 주면서 꼭 엄마한테 전해주라고 당부했습니다. 이 남자는 한때 모든 것을 잃고 불행했으나 크록스를 설립한 남자, 린든 핸슨이었죠. 그렇게 크록스는 2006년 지비츠를 1,000만 달러에 인수했습니다. 게다가 판매량이 늘어나면 인센티브를 더 주기로 했죠.

지비츠는 크록스의 자회사가 되었지만 리치가 사장, 셰리는 디자인 총괄을 맡으면서 지비츠를 계속 운영해 나갔습니다. 지비츠는 이후로 디즈니 등의 라이센스를 통해 다양한 제품을 만들었는데요. 한국에는 'ㅋㅋㅋ'같은 자음 지비츠나, 떡볶이 같은 길거리 음식 지비츠도 있습니다. 로컬에 특화된 제품을 선보인 것이죠.

그때였다! 크록스가 힙해지기 시작한 건

최근 몇 년간 젊은 세대를 사로잡은 트렌드는 휠라$_{FILA}$로 대표되는 투박한 모양의 '어글리 슈즈'였는데요. 투박한 신발을 즐겨 신는 이 유행에 크록스가 덕을 봤죠. 크록스만큼 어글리한 신발도 없었으니까요. 매년 미국의 파이퍼 샌들러$_{Piper\ Sandler}$가 10대를 상대로 하는 브랜드 설문조사에서 크록스는 2017년

크록스

10대가 좋아하는 신발 브랜드 38위, 2018년에는 13위, 2019년 7위까지 껑충 뛰어올랐으며, 2023년에도 6위를 유지하고 있습니다.

하지만 지금의 크록스를 있게 한 히든카드가 있었으니, 바로 컬래버레이션 전략입니다. 그전까지 크록스는 물놀이하기 편하고, 의사들이 많이 신기는 해도 힙한 브랜드까지는 아니었는데요. 컬래버레이션, 일명 '콜라보'를 하면서 크록스는 Z세대와 본격적으로 '놀기' 시작합니다.

첫 번째 콜라보는 2017년. 런던 패션 위크에서 영국의 디자이너인 크리스토퍼 케인Christopher Kane이 자신의 모델들에게 크록스를 신기는 데서 출발합니다. 크록스 위에 그린, 블루, 오렌지 색깔의 천연석을 지비츠로 올렸죠. 크리스토퍼 케인이 선보인 실험적이고 철학을 담은 디자인을 하이패션High Fashion이라고 합니다. 매스패션Mass Fasion과 대비되는 개념으로 대중적인 것 보다는 디자이너의 철학에 기반한 패션이죠. 크리스토퍼는 크록스의 개성을 통해 반항적인 여성미를 선보입니다. 당시에는 런웨이에 슬리퍼를 올렸다는 혹평도 받았습니다. 크록스의 첫 하이패션 데뷔였죠.

그때부터였습니다. 크록스가 힙해지기 시작한 건. 특히, 발렌시아가BALENCIAGA와의 콜라보에서 10cm 통굽 샌들을 선보이며 본격적으로 유명해지기 시작했습니다. 크록스와 발렌시아가의 콜라보 제품은 나왔다 하면 완판이 돼서, 여러 번 협업을 했는데요. 그중에는 클로그에 굽만 달아서 하이힐로 만들어버린, 어찌 보면 이해하기 힘든 디자인도 있었습니다.

한편, 저스틴 비버Justin Bieber는 평소에도 크록스를 너무 사랑해서 그가 크록스를 신고 전기 자전거를 타고 가는 수많은 파파라치 컷을 남겼지만요. 본격적으로 저스틴 비버의 의류 브랜드 '드류 하우스Drew House'와 콜라보한 제품을 내놓았습니다. 또, 크록스는 다른 셀럽과도 제품을 많이 냈는데요. 한국에서는 가수 싸이의 흠뻑쇼와 콜라보한 크록스를 내놓기도 했죠.

크록스는 하이패션뿐만 아니라 식음료 브랜드와도 콜라보 했습니다. KFC와 만든 신발은 치킨이 그려진 버켓처럼 생겼고요, 여기에 실제 치킨 냄새가 나는 치킨 지비츠를 달았죠. 농심하고는 바나나킥 콜라보를 했고, 오뚜기하고는 3분 카레, 진라면 같은 지비츠를 만들었습니다. 크록스는 수많은 뮤지션, 식음료 브랜드, 의류 브랜드와 콜라보를 하면서 SNS에 계속 언급이 되고 인싸의 상징적인 제품이 되었죠.

진정 놀 줄 아는 브랜드가 챔피언

론 스나이더가 이끌던 때의 크록스는 브랜드가 성장하는 과정에서 필연적으로 어깨에 힘이 들어갔던 시기로 보입니다. 이 시기에 직접 생산 비중을 높이고 안정적인 대량생산 체제를 도입하면서 크록스는 흑자 전환을 일구었고, 나스닥에 상장하면서 신발업계 최고의 가치를 달성했습니다. 순수익률은 19.9%까지 올라갔는데 제조업 분야에서는 굉장히 높은 마진율이죠. 하지만 회사의 이익 측면에서는 안정화를 이룬 듯했지만, 브랜드 측면에서는 일관된 메시지를 전하지 못했다는 평도 있습니다.

반면, 앤드류 리스의 크록스는 어깨에 힘을 빼고 자연스러워진 것이 보입니다. 못생김을 그대로 인정하고 나다움을 추구하는 단순함으로 돌아간 건데요. 쉬운 말 같지만 결코 그렇지 않습니다. 매년 시즌마다 돌아오는 여러 브랜드의 신제품을 들여다 보면 모두가 유행을 좇고 있습니다. 그 안에서 또 서로 얼마나 비슷비슷한지도 보이죠.

지금 이 순간에도 유명 브랜드들조차 크록스를 좇아 만든 아류작들을 내놓고 있습니다. 유행을 선도하는 브랜드는 '나다움'이 무엇인 줄 알고, 그것을 묵묵히 추구하는 브랜드라는 것을 발견할 수 있는 대목입니다.

Z세대는 자신의 개성대로 크록스를 마음껏 꾸몄고, 이를 인스타그램에 자랑했습니다. 그리고 여러 브랜드와 콜라보를 통해 끊임없는 새로움을 제공했죠. 단순히 예쁘게 꾸미는 것에 그치지 않았습니다.

크록스는 개성에 관한 일관적인 메시지를 보냈는데요, 이때부터 꾸준히 "Come as you are너란 사람 그대로."라는 캠페인을 벌였습니다. Z세대는 태어나면서부터 소셜 미디어와 함께 살아온 세대입니다. 늘 항상 SNS에서 예뻐 보이기 위해 꾸며야 하고, 멋진 모습만 드러내야 했죠. 크록스는 어릴 때부터 늘 예뻐 보이기 위해 노력했던 10대들을 위로한 겁니다.

물론 어글리 패션의 유행과 팬데믹으로 커진 편안한 패션에 대한 수요가 크록스에 시의적절하게 작용한 것도 있습니다. 하지만 크록스야말로 Z세대와 가장 잘 놀고 있는 브랜드가 아닐까 싶습니다. 크록스의 업력은 짧습니다. 2002년에 등장했으니 이제 스물네 살 정도가 되었죠. Z세대와 알파 세대는 어릴 때부터 크록스를 신고 자라 크록스에 어릴 적 향수를 느끼는 세대라고 합니다. 앞으로 크록스가 이들과 함께 어떻게 성장해나갈지 기대되는 대목입니다.

크록스

다이소daiso

Z세대가 화장품 사러
다이소에 가는 이유

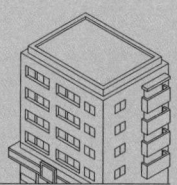

다이소는 국내기업인 '아성다이소'가 운영하는 국내 생활용품 판매점이다. 창립자 박정부는 1992년에 아성다이소를 설립했고, 1997년 천원숍 '아스코이븐프라자' 1호점을 냈다. 2023년 기준 매장은 1,500개를, 매출은 3조 원을 넘겼다.
주부들이 좋아하는 천원숍으로 시작했던 다이소. 현재 Z세대가 방앗간처럼 들리는 가장 힙한 플레이스로 떠오르고 있는데…

"엄마 이거 또 다이소에서 샀지?!"

가끔 부모님 댁에 들르면 주방과 화장실, 침대맡에 새로 생긴 엄마의 아이템을 찾는 재미가 쏠쏠합니다. 60대인 엄마는 한 번씩 다이소를 '털러' 갑니다. 다람쥐가 알곡을 모으듯 집안 곳곳에 꿀템을 비치해서 엄마만의 정리력을 발휘하고 소소한 즐거움을 누리는 것이죠.

60대의 엄마뿐만이 아닙니다. 초등학교 3학년 조카에게도 다이소는 언제나 신나는 것으로 가득합니다. 작년만 해도 다이소에서 장난감 코너를 기웃거리던 조카는 올해는 그리고 꾸미는 데 빠져 예쁘고 특이한 모양의 펜을 고르는 것을 좋아합니다. 다이어리를 꾸미는 다꾸, 스마트폰을 꾸미는 폰꾸, 폴

라로이드 사진을 꾸미는 폴꾸 모두 다이소의 스테디셀러입니다.

　혼자 사는 1인 세대 역시 퇴근길에 다이소를 그냥 지나치지 못합니다. 꼭 살 게 있어 들어가지 않아도 이것도 필요한 것 같고, 저것도 필요한 것 같아서 바구니에 담다 보면 '다이소 던전'에서 한두 시간은 기본이죠. 게다가 다이소 방문객의 40%가 1020이라고 하니 'MZ세대의 백화점'이라는 수식어가 과장은 아닌 것 같습니다. 대체 다이소의 매력은 어디서 나오는 걸까요?

불황이 낳은 황금알 백엔샵

다이소의 창업주인 1944년생 박정부 회장은 어려운 어린 시절을 보냈습니다. 한양대학교 공업경영학과 졸업한 뒤, 구로공단에 있는 전구 생산 기업에 취직해 평범한 직장인이 되었죠. 어찌나 성실했는지 창사 이래 최연소 생산책임자가 되었습니다.

　하지만 때는 80년대 후반, 산업 현장에서도 노동 운동과 파업이 빈번했죠. 그가 있던 공장에도 파업이 시작됐고, 생산책임자였던 그에게 고난이 시작됐습니다. 회의실에서는 말석으로 밀려났고, 업무 성과도 인정받기 어려웠죠.

다이소

그렇게 2년이 흐르고 그는 퇴사를 결심했습니다. 하지만 다리가 후들거렸습니다. 당시 그의 나이는 마흔다섯. 아내는 전업주부였고, 두 딸은 초등학생이었거든요. 처음에는 동생의 사업에 합류합니다. 동생은 한국 기업의 임직원을 대상으로 일본 기업 연수 프로그램 사업을 운영하고 있었는데요. 이때 박정부 회장은 '한일 맨파워'라는 회사를 세우고, 한국 기업에 영업을 시작했습니다.

하지만, 이 사업도 수요가 줄어들고 있었기 때문에 마냥 동생에게 얹혀 있을 수는 없었습니다. 그래서 일본에 팔 수 있는 것을 찾아 무역을 해보기로 했습니다. 일본을 오가면서 작은 판촉물 영업부터 시작했죠.

첫 번째 주문은 재떨이 5천 개였습니다. 한 주류 도매회사가 고객들에게 사은품으로 줄 재떨이를 주문한 것인데요, 어려운 세관 작업을 거쳐 겨우 5천 개를 납품할 수 있었습니다. 하지만 머잖아 고객사에서 연락이 왔습니다. 재떨이의 홈에 담배를 피우다 얹어놓으니 유리가 금세 쩍하고 금이 갔다는 것이었습니다. 박정부 회장은 전량 반품을 받아 폐기합니다. 그리고 무슨 일이 있어도 제품의 품질에 철저하겠다고 결심하죠.

당시 일본에 유행하기 시작한 사업이 있었으니, 바로 '100엔숍'이었습니다. 사실 100엔숍의 원조는 미국입니다. 1879년, 프랭크 울워스 Frank Woolworth라는 사람이 뉴욕에 파이브

센트 스토어Five Cent Store를 처음 열었죠. 이것이 미국에서 대유행을 하면서 5센트숍, 다임숍, 10센트숍 등이 차례로 생겼고 이것들이 점차 우리가 아는 대형 할인마트로 발전했습니다. 월튼스 파이브앤 다임Walton's Five and Dime은 월마트가 되었고, 크레스지Kresge는 K마트가 되었죠. 이 균일가 숍은 또 유럽으로 넘어가 독일의 유로숍, 영국의 파운드숍, 스페인의 100페세타숍 그리고 일본으로 건너가 100엔숍이 된 것입니다.

박정부는 바로 이 100엔숍에 납품을 시작했습니다. 처음에는 보따리상이었죠. 한국의 작은 소품, 액세서리 등을 캐리어에 바리바리 싸들고 100엔숍들을 찾아다니며 납품 영업을 했습니다. 워낙 소량이다 보니 인프라도 변변찮았습니다. 양재천 둑길 다리 밑에 상품을 쌓아놓고 기다리다가 야심한 밤에 상차를 했는데요. 한번은 이를 본 주민이 도둑으로 오해하고 신고를 해서 경찰까지 출동했다고 합니다.

당시 박정부 회장의 소원은 컨테이너 한 대를 채울 만큼 납품하는 것이었습니다. 6개월 후 그는 드디어 단독으로 컨테이너 한 대를 채울 만큼의 물량을 싣게 되었습니다. 빠른 성장을 해내기에 반년은 길지 않은 시간이었지만 그만큼 그는 절박했던 거죠. 머지 않아 그는 동생의 사업에서 손을 떼고 100엔숍에 본격적으로 납품을 할 수 있었습니다.

다이소

일본 다이소의 괴짜 사장

여기서 잠시 일본 다이소를 살펴볼까요? 일본 다이소의 창업자 야노 히로타케矢野博丈도 참 우여곡절이 많습니다. 그의 본명은 '쿠리하라 고로栗原五郎'입니다. 아버지는 의사였고, 형제들도 의사의 길을 택했지만 히로타케는 토목공학과를 졸업했습니다. 그리고 히로시마 지방 유지의 딸과 결혼을 했는데요. 그 집안의 데릴사위로 들어가 후계자가 되면서, '야노 히로타케'로 이름을 바꾸었습니다. 장인은 히로타케에게 방어 양식장을 물려주었지만, 그는 3년 만에 사업을 말아 먹었습니다. 큰 빚을 지게 되었고 그대로 야반도주를 해버렸습니다.

그 이후에 그는 9번이나 직업을 바꾸면서 안 해본 일이 없었습니다. 볼링장 아르바이트, 책 세일즈맨 등 여러 일을 전전했지만 무엇 하나 성과가 나지 않았습니다. 그는 훗날 "양식장 사업이 망할 때만 해도 운이 없다고 생각했지만, 이때부터는 능력도 없는 게 아닐까 생각했죠"라고 말하기도 했습니다.

그러다 종잣돈을 모아, '야노 상점'을 창업했습니다. 말이 상점이지, 도산하는 기업들의 재고를 사들여 트럭에 싣고 전국을 돌아다니며 판매하는 만물 트럭이었습니다. 일본의 버블경제가 무너지면서 도산하는 기업이 많았던 시기였죠.

아내와 야노 상점을 운영하던 히로타케는 매일 밤 아내와 물건에 가격표를 붙였습니다. 그런데 아내가 출산으로 함께

할 수 없자, 시간도 없고 여력도 없어 원가와 상관없이 모든 물건을 100엔으로 통일하여 판매하기 시작했습니다. 이 전략(?)은 오히려 고객의 발걸음을 붙들었고, 가는 곳마다 사람이 몰려들었죠.

그러다 어느 날, 그의 트럭에 화재가 발생했습니다. 그 바람에 그는 '하는 수 없이' 동네의 큰 마트와 제휴해 주차장에 판을 벌이게 되었습니다. 마트로 오게 하는 미끼상품이었죠. 하지만 히로타케의 장사가 너무 잘되자 마트에서도 쫓겨났습니다. 그래서 또 '하는 수 없이' 1991년, 일본 최초의 균일가 매장 다이소를 설립하게 되었습니다. 때마침 경기 침체가 장기로 접어들면서, 일본의 다이소 매출은 수직으로 상승하기 시작했죠.

사실 야노 히로타케는 괴짜 사장으로 유명합니다. 다이소가 잘되는 동안에도, 자기는 이번에도 망할 게 확실하다며 가맹점을 하겠다는 사람들한테 "다이소 내지 마, 내지 마!"라고 말하고 다녔다고 해요. 인터뷰 중에는 항상 예상치 못한 답변으로 대중을 당황하게 만들었죠.

2012년 매장 디자인을 젊은 여성 취향에 맞춰 재단장하면서 다이소의 인기는 더욱 높아졌습니다. 인터뷰어가 히로타케에게 그 이유를 물어보자 "직원들이 정한 것으로 내 의견은 모두 무시됐다. 사실 내 생각은 과거의 이론이라 지금 세상에서는 쓸모가 없다."라고 답했습니다.

다이소

하지만 은근히 야노 히로타케의 어록은 위로가 되는데요. "과거 방어 사업이 잘돼 야반도주하지 않고 백과사전 영업에도 성공했다면 나는 지금의 자리에 있지 못했을 것"이라며, "운도 없고 능력도 없는 인간이라고 생각하는 것이 노력의 원동력이 된다.", "운 없는 행복이란 말을 좋아한다." 등 그는 수많은 명언을 남겼습니다. 그 결과, 일본 사람들이 가장 좋아하는 경영자 중 한 명이 되었죠.

현재도 일본 다이소는 일본에 3,500여 개, 국외에 2,200여 개의 점포를 운영하고 있으며 약 5조 원 이상의 연 매출을 올리고 있습니다. 가성비 좋은 일본 제품을 무기로 여전히 선방하고 있죠.

전설의 시작, 아성 다이소의 설립

다시 과거의 박정부 회장에게 돌아가 볼까요? 그가 100엔숍에 납품을 한 지 일 년쯤 되던 어느 날, 그는 오사카에서 열린 100엔숍 연합 행사에 참여했습니다. 바로 여기서 일본 다이소의 야노 히로타케를 만나게 되었죠. 야노 회장은 박정부 회장에게 샘플을 몇 번 받아보더니, 꼼꼼함과 센스를 알아보고 납품을 받기 시작합니다.

하지만 일본 국민에게는 불굴과 희망의 상징인 야노 회장,

납품 업체들에게도 희망이었을까요? 정말 까다롭고 까칠했다고 해요. 박정부 회장이 신제품을 들고 가면 '어디서 이런 쓰레기를 가지고 왔냐', '이런 걸 팔겠다고 가져온 거냐'라면서 직원들 앞에서 면박을 주곤 했죠. 그럼에도 그 까다로운 기준을 맞추며 5년쯤 일본 다이소에 납품하던 어느 날, 야노 회장은 박정부 회장에게 이런 요구를 했습니다.

"앞으로 우리가 주문한 상품은 다른 데 납품하지 마시오."

일본 다이소는 '한일 맨파워'의 물건을 독점 판매하고 싶었던 거죠. 박정부 회장은 어쩔 수 없이 그러기로 했고, 다른 거래처에는 일본 다이소와 같은 제품이 아닌 다른 상품을 납품하면서 거래를 이어나갔습니다.

그런데 또 1년 뒤, 야노 회장이 다른 요구를 해왔습니다.

"앞으로 다른 100엔숍에는 아예 납품을 안 했으면 합니다."

일본 다이소는 1990년대 중반부터 일본 균일가숍을 평정했습니다. 100엔숍 시장의 60%를 차지하고 있었고, 2009년 연 매출은 3조 원에 달했는데요. 일본 다이소에 납품을 하는 한일 맨파워의 매출도 덩달아 커지고 있었으나, 일본 다이소 한 곳에만 납품하는 것은 너무 위험했죠.

납품 리스크를 피하고자 박정부 회장은 그동안 마음에 품고 있던 사업을 실행에 옮겼습니다. '을'의 입장에 있는 모든 사업자가 하는 생각, 바로 '내 것을 하고 싶다'라는 바람이죠. 그의 구상은 하루 이틀 사이 이루어진 게 아니었습니다. 이미

소매점을 위한 법인도 낸 상태였고, 기업의 이름 또한 아시아에서 성공하라는 뜻으로 어머니가 지어주신 '아성'으로 정해두었죠.

1997년 5월, 박정부 회장은 천호동에 13평짜리 가게를 오픈하게 됩니다. 이름은 '아스코 이븐 프라자ASCO EVEN PLAZA'입니다. 좀 복잡해 보이는 이 이름은 아성A-SUNG Corporation을 줄여서 ASCO, 그리고 균일가에서 'even'을 따와 지었습니다. 이때 차라리 '아성 균일가 스토어'라고 했으면 지금 더 좋은 결과가 있지 않았을까 싶기도 한데요.

복잡한 이름에도 불구하고, 다행히 사업은 잘됐습니다. 연말이 되니, 가게를 오픈하던 시점에는 미처 몰랐던 IMF 외환위기가 닥쳤죠. 그 덕에 저렴한 생필품을 구할 수 있었던 아스코 이븐 프라자는 오히려 매출이 뛰었고, 2001년에는 무려 100호점까지 내게 되었습니다. 물론 당시에도 국내에 천원숍은 여기저기서 등장했습니다.

하지만 당시 천원숍들은 도산한 공장의 제품을 떨이로 가져와 팔거나, 중국산 저렴한 생활용품을 취급했어요. 하지만 아스코 이븐 프라자는 일본 100엔숍에 납품해본 노하우로 품질을 유지하면서도 물량을 확보해 원가를 낮추는 전략을 이어나갔죠. 그 결과, 1,000원짜리를 팔아서 일 매출을 1,500만 원씩 올릴 만큼 성과가 좋았습니다.

한편 야노 회장이 독점납품을 요구했을 때, 박정부 회장은 야노 회장에게 투자를 요구했습니다. 독점납품의 위험성을 분산하기 위해서인데요. 일본 다이소는 처음에 투자 의사를 보이지 않았지만, 2년 뒤 아스코 이븐 프라자가 성과가 나기 시작하자 2001년에 4억 엔, 한화로 39억 원을 투자하게 됩니다. 아성은 34%의 지분을 내줬죠. 그리고 이때, 일본 다이소의 이름을 가져와 리테일 스토어는 '다이소'로, 법인명은 '아성 다이소'로 바꾸게 되었습니다.

사실 한국의 다이소는 일본 다이소의 프랜차이즈도 아니고, 운영에 간섭을 받은 것도 아니었습니다. 다만, 당시 '아스코 이븐 프라자'의 이름이 너무 어려워서 사람들이 기억을 잘 못했습니다. 반면 다이소는 "다 있소~"를 연상하는 푸근한 어감이었고, 발음하기도 쉬웠죠. 그래서 그 이름을 빌려온 건데요. 이게 두고두고 오점이 되어 박정부 회장의 발목을 잡았죠. 이 일로 사람들은 오랫동안 다이소를 일본 기업으로 알았기 때문입니다.

사실 처음에는 문제가 없었습니다. 문제가 된 건 한국 다이소가 잘되고 난 2013년, 다이소가 다케시마 후원 기업이라는 루머가 돌면서부터입니다. 아성 다이소는 전혀 무관하다는 입장을 발표하고 매장마다 안내문을 써붙이기도 했지만, 오해는 사그러들지 않았습니다. 또, 2019년 일본 불매운동이 일어나자 다이소도 덩달아 매출에 타격을 입었죠.

박정부 회장의 책 《천 원을 경영하라》에 보면 그 억울함이 여실히 느껴집니다. 연 매출 3조에 육박하는 성과를 달성하고도, 여전히 일본 기업이라는 오해를 받는 것이 창업주로서 굉장한 불명예였던 것이죠. 게다가 일본 다이소는 2023년 아성 다이소의 이사와 감사를 선임하고, 경영 참여 및 배당을 요구하는 모습도 보였습니다.

아성 다이소는 2023년 12월, 일본 다이소가 보유한 지분 34.2%를 5000억 원에 전량 매입합니다. 이로써 아성 다이소는 창업주인 박정부 회장 일가가 지분 100%를 소유한 회사가 되었습니다. 이후에는 '국민 가게, 다이소'라는 타이틀을 붙이며 토종기업임을 강조하고 있죠.

물론 기업 시장이 점차 글로벌화 됨에 따라 많은 기업이 글로벌 시장의 주주에게 오픈되고 있습니다. 삼성전자, SK하이닉스 등의 유수의 기업이 이미 '토종기업'이라고 보기는 어렵죠. 하지만 아성 다이소는 이번 지분 인수로써 일본과의 외교 분쟁에서 오는 리스크를 지웠습니다. 적어도 소비자들에게 정서적으로는 안정을 준 것이죠.

놀라울 만큼 저렴한 가격의 비밀

하지만 이 책에서 구태여 다이소를 소개하고 싶었던 이유는 단순히 한국 기업이 되었기 때문은 아닙니다. 다이소를 살펴볼수록 잘하고 있는 지점이 너무 많았거든요. 그중의 기본은 '가격'입니다. 다이소는 500원, 1000원, 1500원, 2000원, 3000원, 5000원의 6가지 가격을 고수해왔습니다. 국내 900여 개 제조업체, 전 세계 35개국 3,600여 개 업체로부터 30,000여 개의 상품을 소싱하고 있죠. 과자나 세제 같은 일부 제품은 동일한 스펙으로도 대형할인점보다 싸서 고개를 갸웃하게 만듭니다.

어떻게 이렇게 쌀 수 있을까요? 이유는 물량입니다. 다이소는 현재 1,500개의 매장에서 3조 원의 매출을 올리고 있는데요. 이 정도로 많은 수량을 판매하는 만큼 가격 협상력이 있는 것이죠. 그뿐만 아니라, '다이소 납품용 상품'은 원가에 들어가는 모든 것을 절감하여 재탄생합니다. 포장은 물론 디자인도 최소화하죠.

대표적인 제품이 건전지입니다. 건전지가 급하게 필요할 때, 편의점에 가서 AA 건전지 2개 묶음을 사면 4,500원을 지불해야 합니다. 그런데 지금도 다이소에서는 AA 건전지가 4개 1,000원입니다. 이렇게 저렴하게 만든 게 박정부 회장입니다. 일본에 건전지를 납품하던 그는 1개 100엔에 판매되고 있는 건전지를 보며, 4개에 100엔으로 만드는 것도 가능하겠다고 생각했죠. 그리고 구미에 있는 썬파워(현재 벡셀) 공장에 찾아갔습니다.

건전지는 전부 자동화 작업으로 생산되기 때문에 100만

~200만 개씩 대량으로 생산한다면 분명히 가격을 낮출 수 있어 보였습니다. 공장장과 머리를 맞대고 원가 절감 방안을 고민했죠. 작은 공정 하나라도 줄이고 비슷한 기능은 통합해 생산 효율을 높였습니다. 그 결과 4개에 1,000원짜리 제품이 나올 수 있었던 것입니다. 박정부 회장이 산업공학을 전공하고, 공장에서 생산책임자로 일한 경험이 있기에 가능한 결과였습니다.

물론 이를 위해서는 납품업체들의 희생이 뒤따릅니다. 가격을 맞추면서도 품질은 지키기 위해 엄청난 수고를 감수해야 하죠. 하지만 대형마트조차 온라인에 밀려 내리막길을 걷는 요즘, 유통업의 본질은 가격에 있다는 사실을 다시금 생각해봅니다. 코스트코와 월마트, 그리고 온라인의 아마존마저도 많은 물량이라는 장점과 원가 절감의 기술을 내세워 낮은 소비자 가격을 유지하고 있습니다. 게다가 다이소가 취급하는 상품은 단가가 저렴하기 때문에 배송비가 붙는 상품은 온라인 쇼핑보다 오프라인 구매가 더 경제적입니다. 가격이라는 절대적인 우위를 확보하고 있는 겁니다.

취향을 저격하는 상품 기획력

한편 가격 외에도 다이소를 찾는 중요한 이유가 있습니다. 바로, 제품의 구색입니다. 특히 요즘 다이소는 MZ세대의 백화점이라 불릴 만큼 다양한 제품을 기획하고 있습니다.

다이소가 최근 선보인 상품 중 하나는 '달 항아리'입니다. 달 항아리는 보이그룹 BTS의 RM이 소장한 것으로도 유명한데요. RM이 가진 달 항아리는 수십억 원이고 국립중앙박물관에서 파는 기념품조차 40,000원에서 70,000원 선이었지만 다이소에서는 3,000원, 5,000원에 구할 수 있습니다. 출시한 지 한 달만에 9,500개가 판매되면서 선풍적인 인기를 끌었습니다. 이 상품은 BTS 팬인 다이소의 상품기획자가 기획한 제품입니다. 다이소의 상품개발 직원은 45명으로, 그중 40명이 2030세대라고 하는데요. 이들이 매달 600여 개의 새로운 제품을 내놓고 있습니다.

또 다른 찬사는 의외로 스타벅스가 디즈니와 콜라보했을 때 터졌습니다. 힙한 MD 제품으로 유명한 스타벅스가 디즈니의 IP와 콜라보하면서 각종 제품을 선보였는데요. 예쁘기는 하지만 가격이 터무니없이 높았습니다. 그러자 온라인에선 이번 콜라보의 승자는 다이소라는 말이 나오게 되었습니다. 다이소는 디즈니의 IP를 활용한 제품을 자주 선보여왔고, 이를 시즌에 따라 적절하게 모아서 디스플레이 해오며 이미 20대들에게 갓성비 제품으로 유명하기 때문입니다.

그런가 하면 최근 다이소는 화장품을 취급하면서 올리브영을 긴장시키고 있습니다. 다이소에서 선보인 'VT 리들샷'

은 품절 대란을 일으켰고, 그밖에도 색조 브랜드와 기초화장품 브랜드 250여 개 품목을 5천 원 이하로 판매하고 있죠. 다이소의 고객은 젊은 층입니다. 20대 비율이 30%로 가장 높고, 10대도 20%를 차지하죠. 저렴한 가격과 접근성, 트렌디한 제품으로 젊은 고백들의 발길을 붙잡고 있습니다.

하지만 웬만한 물건은 무료로 새벽까지 배송해주는 세상에, 과연 오프라인 리테일숍이 경쟁력을 가질 수 있을까요? 팬데믹이 끝났지만, 여전히 주요 상권 1층이 공실로 남아 있는 경우를 쉽게 볼 수 있습니다. 그런데 다이소는 오히려 매장을 계속 키우고 있습니다. 2017년 평균 70평 남짓이던 다이소 매장은 100평 이상으로 확대되었다고 합니다.

이렇게 오프라인 매장을 대형화하는 또 다른 기업이 있습니다. 바로 유럽과 미국에서 가장 빠르게 성공하고 있는 의류 브랜드 '프라이마크'입니다. 저도 유럽에 가서 프라이마크 매장을 찾은 적이 있는데요, 하도 저렴해 머리끝부터 발끝까지 갈아입고 나왔는데도 결제 금액이 얼마 안 나왔던 기억이 있습니다. 의류 매장이지만 고객들은 마치 대형마트처럼 카트를 끌고 다녔고, 모든 고객이 워낙 여러 벌씩 구매하는 바람에 계산대에서도 한참 줄을 서야 했죠.

매장이 커지는 이유는 판매하는 상품이 다양해지고, 객단가가 올라가기 때문입니다. 개별 마진은 적더라도 많이 사기 때문에 많이 남을 수밖에 없는 박리다매 전략인 것이죠. 또, 공급망 관리가 더 효율적이고 재고를 바로 진열하기 때문에 고정비가 줄어듭니다.

하지만 매장이 커지는 또 다른 중요한 이유가 있습니다. 바로, 오프라인만이 줄 수 있는 '경험'이죠. 최근 오픈하는 프라이마크의 매장은 점점 더 커지고 있으며 패션뿐만 아니라 카페, 뷰티, 그리고 홈리빙 매장까지 갖추고 있습니다. 하나의 건물에서 쾌적하게 쇼핑을 해결할 수 있는 겁니다.

다이소도 처음에는 주요 상권을 피해 지하 1층과 같이 임대료가 저렴한 곳에 자리 잡았습니다. 하지만 최근 명동이나 신촌, 제주와 같은 주요 상권에서 건물을 통으로 다이소가 차지하고 있는 것을 볼 수 있습니다. 지방 도시의 주요 상권에서도 주차까지 모두 지원하고, 4~5개 층이 모두 다이소 매장입니다. 다이소가 앞으로 어떤 미래를 그려 나갈지 프라이마크에서 힌트를 얻을 수 있죠.

물론 이렇게 매장이 커지고 상품이 늘어난다는 것은 고정비가 늘어난다는 뜻이기도 합니다. 임금과 물가가 상승하고 있는 지금, 다이소가 낮은 판매가를 지키면서 영업이익률도 보전할 수 있을지가 중요한 과제입니다.

다이소를 콘텐츠로 소개한 후에 저희 엄마께서 이렇게 말씀하셨습니다.

"예전에는 다이소에서 물건을 사면 네가 잔소리를 해서 들키고 싶지 않았는데, 다이소가 제품의 품질을 지키면서 원가를 절감하려고 노력한다는 이야기를 들으니 다이소에서 물건을 사는 게 왠지 모르게 당당해졌어."

엄마의 관점 변화는 아마도 다이소에서 물건을 사는 게 합리적인 소비라는 생각이 들었기 때문이라고 생각합니다.

예전에는 그저 저렴한 물건을 득템하러 가는 천원숍에 불과했지만, 이제 다이소는 친구를 기다리는 약속 장소로, 조카들과 재미있는 물건을 사는 쇼핑 장소로, 나만의 소확행(소소하고 확실한 행복)을 찾기 위한 보물찾기 장소로 변화하고 있습니다. 오프라인 리테일숍이 힘을 못 쓰고 있는 오늘날, 다이소는 앞으로 우리의 삶에서 어떤 위치를 차지하게 될까요? 이들의 발전과 확장을 지켜보는 것도 소소하고 확실한 행복이지 않을까요?

빙그레 Binggrae

환갑에 가까운 브랜드가
Z세대와 노는 방법

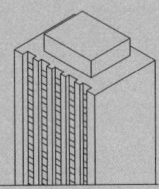

한국에 처음으로 우유 기반의 아이스크림을 소개하고, 유제품 기반의 식음료를 만들어왔다. 투게더, 메로나, 붕어싸만코 같은 메가 히트작을 남겼으며 바나나맛우유와 요플레로 꾸준히 사랑을 받고 있다. 마케팅 사관학교라고 할 만큼 빠른 장악력으로 Z세대의 사랑을 받더니, 식품업계에서 그 어렵다는 수출 성과를 이뤄내는데…

바나나맛우유만큼 모든 세대가 함께 추억하는 음료가 있을까요? 저는 지금도 출출한 아침에는 편의점에서 바나나맛우유를 사들고 출근합니다. 옆에 메로나 맛, 캔디바 맛, 고구마 맛이 있어도, 또 다른 맛 우유가 1+1 행사를 해도 제 결정은 바나나맛우유입니다.

가장 익숙한 맛이어서 그럴까요? 이렇게 국민 모두가 추억을 공유하고 있다 보니, 빙그레에 지원하는 자기소개서에 "어릴 적 엄마 손을 잡고 목욕탕에 갔다가 먹었던 바나나맛우유"를 언급하는 것은 암묵적 금기라고 합니다. 얼마나 많은 지원자가 이런 얘기를 했으면 이런 금기까지 생겼을까요.

요즘 친구들도 여전히 바나나맛우유를 좋아합니다. 바나나맛우유 팝업 스토어가 열리면 달려가 굿즈를 구매하고 인증하죠. 게다가 바나나맛우유에 대한 추억은 이제 한국인만의 것이 아니라고 합니다. 바나나맛우유가 해외에서도 사랑받기 때문입니다. 2023년 바나나맛우유의 내수·수출 합산 매출은 3,000억 원. 1974년 출시된 이래로 50년 동안 95억 개가 판매되었습니다. 2004년 미국을 시작으로 중국, 대만, 홍콩, 베트남, 필리핀 등 30개국에서 판매하고 있습니다. 특히 중국에서 큰 인기를 끌고 있죠. 도대체 바나나맛우유는 어떻게 모든 세대를 아우르고, 글로벌 소비자들의 마음까지 사로잡을 수 있었을까요?

우유로 만든 대한민국 간식 공신

빙그레는 한화에서 탄생한 회사입니다. 한화의 창업주 김종희는 조선 화약 공판에서 일하다가, 광복 이후 일본의 화약 공장을 정부로부터 불하받았고, 한국화약 주식회사를 세웁니다. 우리나라 최초로 다이너마이트를 만들어 "한국의 노벨"이라 불릴 정도죠. 그리고 주로 중공업 분야로 확장해 나가고 있었습니다.

그러던 중, 한화의 계열사에 눈에 띄게 성격이 다른 B2C 소비재 자회사가 있었으니 바로 우유회사 '대일유업'이었습니다. 대일유업은 1970년대, 정부의 유제품 육성정책으로 설립된 기업 중 하나였습니다. 정부는 독일의 우유 산업을 보고 낙농업 기술을 들여왔지만, 사실 우리 국민들은 먹고 살기 빠듯해 우유까지 사먹을 형편은 안됐죠. 또, 냉장고가 없던 시절이라 보관도 어렵고 한국인 중에는 유전적으로 유당불내증이 있는 사람이 많았습니다.

우유에 대한 수요가 많지 않자 우유 기업들은 어려워졌고, 정부는 부도 위기에 처한 대일유업을 한화에 떠넘겼습니다. 그 바람에 한화는 갑자기 우유 사업에 진출한 건데요. 얼떨결에 떠안았지만, 김종희 창업주는 우유의 수요를 만들기 위해 고민했습니다.

그 결과, 우유를 넣은 아이스크림 '투게더'를 만들게 되었고 이를 조선호텔에서 판매하게 되었습니다. 그전까지 한국인이 먹던 아이스크림은 물로 만든 빙과였는데요. 투게더는 두 배 농축시킨 원유를 넣어 풍부하고 부드러운 맛을 냈죠. 당시 10원이었던 삼강하드에 비해 투게더는 600원. 아버지 월급날이나 겨우 먹을 수 있었던 비싼 간식이었습니다. 그럼에도 불구하고, 구하기 어려울 정도로 잘 팔렸죠. 투게더는 지금까지도 아이스크림 연간 판매 1위의 자리를 지키고 있습니다.

또 1975년 출시된 '비비빅'은 통팥을 23% 함유해 풍부하고 달콤한 맛을 구현했습니다. 동그란 스틱을 비벼가면서 먹는 아이스크림의 원조로, 롯데의 팥드러슈, 롯데삼강의 롱빅, 서주의 롱비빅 등 모방 제품이 연이어 나왔지만 비비빅을 능가하지는 못했습니다. 비비빅은 지금도 '팥 아이스크림' 대표 제품으로 30년 넘게 그 명맥을 유지하고 있습니다.

바나나는 향기를 남기고

하지만 그때나 지금이나 빙그레 매출의 20%를 차지하는 스테디셀러는 따로 있었으니, 1974년 출시된 '바나나맛우유'입니다. 1970년대에 바나나는 돈이 있어도 구하기 힘든 음식이었는데요. 아이들이 가장 먹고 싶던 과일도 바나나였습니다. 빙그레는 바나나를 하나도 넣지 않고, 바나나 향과 바닐라 향만으로 바나나맛우유를 만들었습니다. 바나나 맛이 궁금했던 사람들에게 바나나맛우유는 그야말로 혁명이었죠. 출시 직후 큰 인기를 끌었습니다.

바나나맛우유는 가공 우유 시장의 80%를 차지하고 있습니다. 2010년에는 축산물 가공품 표시 기준이 개정되면서 과즙이 전혀 들어 있지 않으면 맛이라는 단어를 못 쓰게 되었는데요. 그래서 실제 바나나 과즙 1%를 넣게 되었습니다. 실제로는 바나나 과즙을 넣게 되면서 본래의 '바나나맛우유'의 맛을 유지하는 게 더 어려운 작업이었다고 합니다.

바나나맛우유하면 가장 먼저 떠오르는 것은 항아리를 연상

빙그레

케 하는 용기입니다. 빙그레는 달 항아리를 연상시키는, 항아리형 용기를 꼭 적용하고 싶었는데요. 하지만, 항아리 모양은 플라스틱으로 한 번에 사출할 수 없었죠. 결국, 위아래 따로 만들고 고속으로 마찰시켜서 접합하는 기술까지 사용했습니다.

접합부를 보면 오돌토돌하게 홈이 있는데요. 손이 작은 아이들이 놓칠 수 있어서 일부러 손에 쏙 잡히게 기획됐다고 해요. 사실 항아리 모양은 보관이나 운반에는 굉장히 불편합니다. 그럼에도 이 모양을 고수한 덕분에 뚱뚱한 바나나 우유 '뚱바'는 빙그레 바나나맛우유의 시그니처가 될 수 있었죠.

아이스크림 외에도 빙그레가 선전한 부분이 있습니다. 바로 국내 최초 떠먹는 요거트 '요플레'를 출시한 겁니다. 빙그레는 프랑스의 낙농조합 소디마와 기술 협약을 맺고 제품을 개발하여 1982년 본격적으로 떠먹는 요거트를 선보입니다. 낙농업이 발달한 유럽에서는 일찍이 호상(떠먹는) 요거트를 먹었던 반면, 국내에는 마시는 형태의 요구르트만 있었기 때문에 이는 사람들에게 매우 낯설었죠. 빙그레는 압구정동의 아파트를 일일이 찾아다니며 무료로 제품 나눠주었지만, 계속해서 인기가 없었습니다.

그렇게 6년이 흐른 1988년. 서울올림픽이 열리고 유럽에서 선수들이 몰려왔습니다. 그들은 늘 먹던 대로 떠먹는 요거트를 찾기 시작했고, 마트에서 찾을 수 있는 건 요플레뿐이었습니다. 이를 계기로 떠먹는 요거트가 알려지게 되었고, 시장이 커지기 시작했습니다. 경쟁이 과도화되자, 요플레는 또 다른 신제품을 선보였습니다. 바로, 장까지 살아서 가는 유산균 '닥터캡슐'입니다. 덕분에 빙그레는 발효유 시장을 장악할 수 있었죠.

국민 아이스크림 메로나의 진실

그런데 1981년 김종희 창업주가 59세의 젊은 나이로 돌연 사망합니다. 워낙 갑작스러운 죽음이라 유언장조차 남기지 못했죠. 장남 김승연은 당시 29세로 최연소 그룹 총수가 되었습니다. 이때 김승연은 역시 어렸던 둘째 김호연에게 한화갤러리아의 전신인 한양유통의 대표이사를 맡겼습니다. 하지만 이미 재무구조가 좋지 않았던 한양유통은 경영상황이 더 악화되었고, 김승연 회장은 그 책임을 물어 김호연 회장을 쫓아냈습니다. 분노한 동생은 3년 6개월 동안 재산권분할 다툼으로 형과 31차례나 소송을 벌였습니다. 형제의 갈등은 이렇게 깊어졌고, 세간은 형제의 난으로 떠들썩했습니다.

그러던 1992년, 형 김승연은 김호연에게 빙그레의 경영을 맡깁니다. 이때 빙그레는 부채비율 4,000%, 누적적자 100억 원의 열악한 재정 상태를 가진 껍데기 기업이었습니다. 그래

빙그레

도 김호연은 빙그레를 맡아 키워보기로 합니다. 그러면서도 유산 참여에 대한 권리를 포기한 건 아니라고 못 박았죠.

김승연 회장 역시 선을 그었습니다. 당시 한화의 야구팀 이름은 한화의 브랜드 중 소비자들에게 친숙한 브랜드를 따 '빙그레 이글스'였는데요. 한화는 김호연에게 빙그레를 넘기면서 야구단의 이름도 '한화 이글스'로 바꿔버렸습니다.

갈등의 골이 깊었던 형제. 하지만 몇 년 뒤 어머니 강태영 여사는 칠순을 맞아 형제에게 간곡하게 부탁했습니다. 잔치는 안 해도 되니 부디 형제간에 사이좋게 지내라고 말이죠. 두 형제는 함께 아버지의 묘를 찾아가 화해를 했고, 동생이 재산분할에 합의하면서 형제간의 분쟁은 종결하게 되었습니다.

김호연 회장이 본격적으로 운영을 맡고 얼마 뒤, 1992년 빙그레 사상 최고의 히트작 '메로나'가 탄생합니다. 메로나는 빙그레에서 제품을 개발하는 직원이 시장조사차 동남아시아에 갔다가 멜론을 발견하면서 시작되었습니다. 바나나맛우유가 처음 그랬듯이, 멜론을 먹어본 사람도 거의 없는 시절이었죠. 고급 과일을 200원짜리 아이스크림 바에, 그것도 유지방 함량을 높여서 부드럽고 쫀득하게 하여 아이스크림을 만든 것입니다.

하지만 다들 멜론 맛을 몰랐기 때문에, 멜론 맛 아이스크림을 만드는 건 쉽지 않았습니다. 백화점에서 비싼 멜론을 구해도 봤지만, 당시는 유통이 좋지 못해 동남아에서 먹던 그 맛이 안 났죠. 그래서 연구원들은 비슷한 맛을 내고자 '코리아 멜론 Korea Melon', 즉 참외를 참고합니다. 그래서 당시의 메로나는 엄밀히 말하면 참외 맛이 났죠. 현재는 머스크 멜론이 들어간다고 합니다.

바나나맛우유처럼 귀한 과일로 만든 아이스크림! 이번에도 이 전략은 통했습니다. 1992년 출시한 메로나는 그해에만 5천만 개, 1993년에는 2억 8600만 개가 팔렸습니다. 국민 한 사람이 1년 동안 메로나를 7개나 먹은 건데요. 결국, 메로나는 브라보콘, 더블비안코를 제치고 1등 아이스크림이 되었습니다.

사실 그전까지 아이스크림 시장의 강자는 롯데였습니다. 빠삐코, 조스바, 돼지바, 스크루바, 월드콘, 찰떡아이스까지 시장을 장악하고 있었죠. 그런데 빙그레가 나타나 투게더, 메로나로 원유 함량이 높은 고급 아이스크림을 선보이기 시작했고, 캔디바, 더위사냥, 뽕따 같은 히트작을 만들어냈습니다. 또, 롯데의 월드콘을 겨냥한 메타콘을 출시하면서 롯데를 위협했죠.

롯데는 이후 더블비안코를 히트시키고 더위사냥을 노린 어른들의 쭈쭈바 '설레임' 등을 내놓으면서, 오랫동안 빙그레와 양강 구도를 형성했습니다. 하지만, 위기는 항상 통제할 수 없는 외부환경에서 밀려오죠. 1995년, 이른바 고름 우유 파동이 터졌습니다. 우유를 짤 때 젖소의 유선 안에 있는 체세포가 떨어져 나와 우유에 섞이게 되는데요. 소비자들이 이를 고름이라고 믿게 되면서 우유에 대한 의심을 품게 됐고, 유제품 매출

빙그레

이 대폭 하락하게 된 것이죠. 게다가 우유업계가 서로 비방하는 광고를 게재하면서 소비자들은 우유를 외면하기 시작했습니다.

브라질에 분 메로나 열풍

이로 인해 우유 소비가 줄어들고, 기업이 어려움에 봉착하자 김호연 회장은 결단을 내렸습니다. "시장점유율 1위도 의미 없다, 수익성 없는 사업은 접어라!" 하는 것이었죠. 빙그레는 살을 깎는 조정을 시작합니다. 먼저, 17년간 이어온 라면 사업에서 철수하기로 합니다. 빙그레의 라면 사업은 농심, 삼양, 오뚜기, 한국 야쿠르트에 이어 만년 5위에 머물렀습니다. 사실 그동안 히트작도 꽤 있었는데요. 매운 음식을 잘 못 먹는 사람을 위한 '이라면', 팜유 대신 콩기름을 사용한 '매운콩라면' 등이 있었지만, 라면 사업부는 만년 적자였죠.

김호연 회장은 과감하게 라면 업계 철수를 결심했습니다. 또, 일본의 썬메리와 합작해 만든 썬메리 제과 역시 삼립식품에 매각하기로 합니다. 썬메리 제과는 설립 이래로 계속 매출을 올렸지만, 제과점 시장은 이미 파리바게트, 신라명과와 뚜레쥬르 등이 치열한 격전을 벌이고 있었기 때문이죠. 또, 압구정동에 있는 본사를 팔아 남양주로 이전하고 구조조정도 단행하면서 사업을 단출하게 줄여나갔습니다. 또, 빙그레 경쟁사였던 롯데의 위탁생산도 마다하지 않았죠.

이런 고통스러운 조정의 시간이 지나고 묵묵히 길을 이어온 빙그레는 10년 뒤, 순이익 300억 원으로 성장할 수 있었습니다. 2008년 회사는 한화로부터 독립한 이래 20배 성장했고, 김호연 회장은 '경영자 상'을 받습니다. 그리고 바로 이 최고의 순간에 국회의원에 출마하는데요. 이때, 형인 김승연은 김호연 회장을 직접 찾아가 힘을 실어주며 우애를 보여주었죠.

한편, K푸드의 선전도 대단했습니다. 특히 브라질에서 메로나 열풍이 대단했는데요. 이는 브라질에 거주하던 교민이 한인 상점에 수입을 한 것에서 시작했습니다. 처음 동양인 밀집 지역에서만 판매됐던 메로나의 맛은 입소문을 타고 번졌고, 멀리에서까지 메로나를 사 먹으러 사람들이 찾아오기도 했습니다.

브라질에서 유통되던 대부분의 제품이 초콜릿 맛 아이스크림이었던 것에 비해, 상쾌한 과일 맛이 나는 아이스크림이 현지인들에게 매력을 느끼게 했던 것이죠. 그 결과 현재 메로나는 브라질의 국민 아이스크림이 되었습니다. 빙그레 매출 중 해외 매출은 2022년 기준 1,042억 원에 달합니다. 지금도 미국, 중국, 일본, 베트남 그리고 남미의 여러 나라에서 빙그레 아이스크림은 호황을 누리고 있습니다.

가장 인기 있는 품목은 메로나와 바나나맛우유입니다. 메로나는 멜론 맛뿐만 아니라 딸기 맛, 망고 맛, 피스타치오 맛 등 등 국가에 따라 여러 가지 맛으로 선보이고 있습니다.

빙그레 왕국으로 여러분을 초대합니다

2020년, 빙그레의 인스타그램 피드에는 웬 애니메이션 캐릭터와 함께 "안녕?"이라는 두 글자가 떴습니다. 아무리 봐도 빙그레와 관련 없어 보이는 꽃미남 캐릭터에 고객들은 빙그레의 인스타그램이 해킹당한 것 같다며 고객센터로 전화를 할 정도였죠.

사실은 멀티버스라는 가상의 세계관을 브랜드에 적용한 것이었습니다. 이 인물의 이름은 '빙그레우스 더마시스'. 빙그레 왕국의 차기 왕위 계승자로, 국왕인 아버지의 명을 받아 인스타그램 운영을 맡았고, 왕위를 계승하기 위해서는 팔로워 수를 늘려야 한다는 미션을 갖고 있습니다. 또, 빙그레 왕국에는 여러 캐릭터가 등장하는데요. 농사꾼 '비비빅', 왕실의 오래된 비서 '투게더리고리경', 공작인 '옹떼 메로나 부르 장', 왕국의 호위 무사 '더위사냥', 열쇠공 '끌레도르'까지. 빙그레의 오래된 헤리티지를 잘 살린 마케팅 전략이었습니다.

또, 마케팅 트렌드에서 최근 빼놓을 수 없는 건 컬래버레이션이죠. 빙그레는 이를 풍자하며 명품 패션 버전을 선보이는데요. 바로 꽃게랑의 명품 패러디인 '꼬뜨-게랑'. 한시적이지만 의류 브랜드를 실제로 론칭한 겁니다. 명품 느낌이 나는 꽃게 모양의 패턴을 만들고, 셔츠부터 넥타이, 모자, 스카프까지 다양한 제품을 선보였습니다. 그리고 이는 나오자마자 완판됐습니다.

이런 마케팅은 Z세대의 마음을 완벽하게 사로잡았죠. 빙그레의 이런 전략은 처음이 아닙니다. 전 국민의 밈이 된 "올 때 메로나"는 인터넷에 떠돌던 글에 의해 만들어졌습니다. 내용은 이렇습니다. 집에 혼자 있는 여동생에게 택배 아저씨가 곧 도착한다는 문자가 왔죠. 그리고 곧바로 언니에게서 집에 들어오는 길이라고 문자가 왔는데요. 여동생은 언니에게 답장을 보낸다는 게 택배 아저씨한테 잘못 보낸 거죠. 이렇게요.

"올 때 메로나~"

그런데 택배기사님이 메로나를 정말 사다 주었고, 이 글이 인터넷에서 화제가 된 겁니다. 이로 인해 외출하고 돌아오는 가족이나 친구에게 "올 때 메로나"를 외치는 밈이 유행했죠. 빙그레는 이를 놓치지 않고 상표권 등록까지 하고 실제로 '올 때 메로나'라는 제품을 출시했죠. 또 2018년에는 올댓메로나 All That Melona라는 제품을 출시하여 계속해서 이 밈으로 즐겁게 놀았습니다.

사실 빙그레는 식품업계에서 마케팅 사관학교로 불립니다. 일찍이 사내에는 'BC마케팅대학'을 두어 매주 금요일 4시간씩 마케팅 전공강의를 수강했죠. 이와는 별도로 사내에는 마케팅, 트렌드 스터디도 계속 운영했습니다.

또 해외시장을 개척할 때 직원들은 각국으로 출장을 떠나 해외의 푸드 컬처를 익히곤 했습니다. 유럽에 가서는 유제품을, 중국에서는 식문화를, 미국에서는 이커머스를, 일본과 캐나다에서는 아이디어를 찾는 식이었죠. 오늘날 빙그레가 MZ세대에게 사랑받고 즐기는 모습은 우연히 만들어진 게 아닙니다. 소비자들과 소통하는 방법에 대해서 계속 고민한 결과였죠.

한편, 김호연 회장의 아내 김미 여사는 백범 김구 선생님의 손녀입니다. 김미 여사의 아버지는 김신 장군이고, 김신 장군의 아버지가 백범 김구 선생인 거죠. 김미 여사와 김호연 회장은 대학교 때 만나 사랑을 키웠다고 해요. 그래서일까요. 빙그레는 독립유공자들의 자녀를 돕는 일을 꾸준히 해왔습니다.

2023년 광복절에는 '세상에서 가장 늦은 졸업식'을 열었습니다. 독립운동을 했다는 이유로 학교를 포기했던 독립운동가 94명을 위한 졸업식이었습니다. 여기에는 1928년 어린 나이로 독립운동을 하다가 퇴학 조치를 당했던 김찬도 선생도 있었는데요. 이날 AI로 복원된 김찬도 선생이 졸업사를 낭독하면서 모두가 눈시울을 붉혔습니다. 김호연 회장은 백범의 손자 사위로서 김구재단을 설립하고 독립유공자 후손을 위한 장학사업 등 다양한 기부 활동을 해오고 있습니다.

빙그레에는 우리에게 너무 친숙하고 오랫동안 사랑했던 제품이 많습니다. 어릴 적, 갈망하고 애정했던 제품들이죠. 제품의 탄생 스토리만 살펴봐도 모두 기발하고 신선합니다. 여기에 미처 다 소개하지 못한 붕어싸만코, 끌레도르 등 대부분의 성공한 상품들이 기존 아이스크림 시장의 틀을 깨고 탄생했죠. 대기업들부터 줄줄이 대놓고 모방제품을 만들었지만, 빙그레의 상품은 자신들이 개척한 새로운 분야를 수성하면서 계속해서 사랑받았습니다.

신기한 건 빙그레의 제품들이 바나나, 멜론이 흔해진 지금에도 여전히 젊은 소비자에게 사랑받는다는 사실입니다. 바나나맛우유와 메로나처럼 밈으로 재해석되며, 새로운 세대에게 새로운 의미로 다가가고 있습니다.

김호연 회장은 아버지 대부터 만들어진 투게더와 바나나맛우유를 보면서 브랜딩의 중요성을 깨달았습니다. 사람들에게 성공적으로 인식된 브랜딩은 쉽게 바뀌지 않는다는 것을 배우고, 브랜드의 중요성을 계속해서 강조해왔습니다.

빙그레의 상품과 마케팅을 보면 단지 푸드가 아니라 소통하고 놀이를 한다는 생각이 듭니다. 브랜드의 헤리티지가 브랜드의 발목을 잡는 것이 아니라, 끊임없이 재해석되면서 새로운 맥락으로 들어가는 것. 빙그레가 가장 잘하고 있는 특기가 아닌가 싶습니다.

빙그레

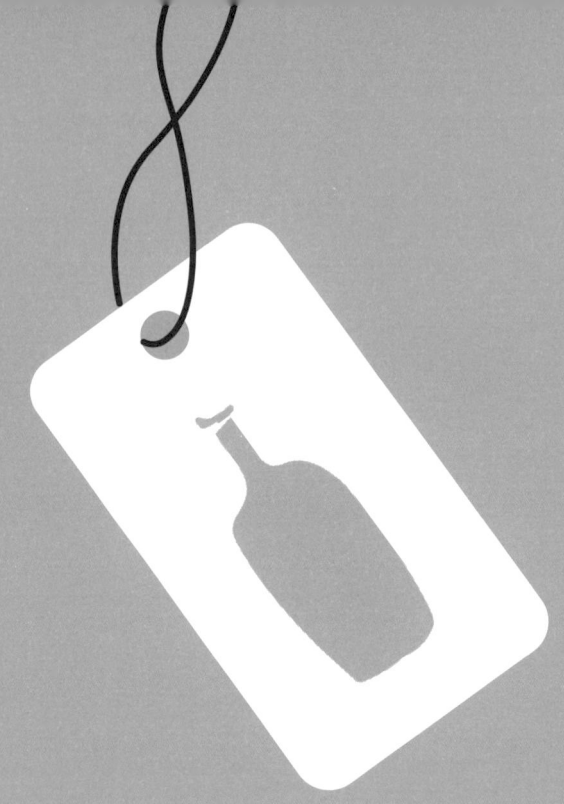

블루보틀 Blue Bottle
성장도 드립커피처럼 천천히,
이유 있는 속도

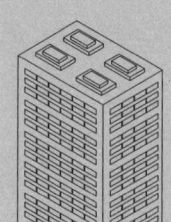

제임스 프리먼이 설립한 미국의 스페셜티 커피 체인. 오직 '스페셜티 커피'에 집중하며 커피의 품질을 중시한다. 고객이 커피 본연의 맛과 향에 집중할 수 있도록 매장 인테리어는 미니멀하고, 와이파이와 콘센트를 설치하지 않는 전략을 취하고 있다. 이후 스타벅스가 블루보틀을 견제하여 '스타벅스 리저브'를 론칭하기도 했다.
한국에는 십여 개의 매장만 오픈했지만, 급할 게 없어 보이는데…. 과연 무슨 자신감일까?

2019년 성수동에 첫 블루보틀 매장이 개장한 날, 1,200명의 인파가 몰려 줄을 서서 먹는 사태가 일어났습니다. 그간 한국인들이 블루보틀을 어찌나 기다렸는지를 보여주는 장면이었는데요. 블루보틀은 한국인들의 일본 여행 필수 코스였습니다. 한국에 매장도 없는데 웹사이트에 들어오는 유난히 많은 한국 트래픽을 보고 블루보틀 본사에서 한국 진출을 검토하게 됐다고 하죠.

'기업 읽어드립니다'에서 소비재 브랜드를 소개하면서 한국인들은 어느 나라 사람들보다 트렌드에 빠르고, 브랜드에 민감하다는 점을 여실히 느끼고 있습니다. 해외에서 잘 나가는 브랜드를 귀신같이 알아보고 한국에서 열심히 소비하는 덕분에 해외보다 높은 시장 점유율을 가져가는 경우도 많은데요. 그래서 많은 브랜드가 아시아 시장을 공략할 때, 한국을 테스트베드testbed로 삼기도 합니다. 좋은 건 내가 빨리 써보겠다는 한국인 특유의 장점이라고 생각합니다.

블루보틀을 스터디하다 보니 마셔보고 싶어 견딜 수가 없더라고요. 성수동에 오픈했을 때는 가볼 엄두가 안 났지만, 시간을 조금 두고 오픈한 삼청점에 가봤습니다. 삼청동에는 블루보틀 지점이 2개가 있는데, 한 곳은 블루보틀 삼청 카페고, 다른 한 곳은 예약을 해야만 입장할 수 있는 블루보틀 삼청 한옥입니다. 저는 삼청 카페로 오픈런을 했는데요, 다행히 줄은 안 섰지만, 사람은 바글바글했습니다.

블루보틀 내부에는 실로 앉을 수 있는 공간이 거의 없다시피 합니다. 지점마다 다르긴 하지만 스타벅스에 비하면 콘센트는커녕 아주 좁고 동그란 스탠딩 테이블 혹은 벽돌로 투박하게 얹어둔 테이블만 있어서 정말 커피만 마시고 가라는 느낌을 받죠. 인테리어는 장식이 거의 없이 천정이 높고 커다란 하얀 벽에 파란 병 로고가 하나 붙어 있는데요. 어느 각도에서 찍어도 인스타그램에 올리기 좋은 사진이 나옵니다.

그리고 한쪽 벽에는 시원하게 개방된 바 테이블이 있습니다. 인왕산을 배경으로 바리스타들이 정성껏 커피를 내리는 모습이 마치 무대와 같이 느껴집니다. 와글와글 혼잡한 와중에도 커피를 내리고 있는 모습은 마치 수행자 같기도 하고요.

블루보틀

어렵게 맛본 커피는 매우 맛있었습니다. 와인을 배울 때 아주 다양한 용어로 와인의 맛과 향을 구분하는 것처럼 커피가 가진 다양한 층위의 향과 맛을 느낄 수 있었습니다. 그럴 수밖에 없던 것이, 여긴 최고의 커피를 다루는 블루보틀이고 방금 눈앞에서 커피를 내리는 바리스타의 향연을 보았으니까요. 커피만 마시고 가라는 느낌의 공간이지만, 커피를 마시는 순간만큼은 홀로 스포트라이트를 받는 느낌이었습니다.

블루보틀을 가신다면, 싱글오리진 원두를 핸드드립으로 따뜻하게 마시길 추천합니다. 블루보틀의 시그니처일 뿐만 아니라 스타벅스의 강하게 볶은 다크로스팅에 비해 더 풍부한 향을 느낄 수 있으니까요.

예술가가 콩을 볶으면

클라리넷 연주자였던 제임스 프리먼James Freeman. 그는 스스로 연주자의 일이 맞지 않는다고 생각했습니다. 오디션을 보러 혹은 연주를 하러 세계 곳곳을 출장 다녔지만, 뮤지션으로서는 성공하지 못했죠. 이윽고 음악을 포기하고 한 음악 스타트업에 취직했는데 거기에서마저 해고당했습니다. 인생의 가장 힘든 시기에 제임스는 하는 수 없이 사업을 시작하기로 합니다. 제임스 프리먼은 "커피를 좋아하긴 했지만, 커피 사업을 시작할 줄은 나도 몰랐다."고 하는데요, 커피 사업을 시작하느냐, 이대로 죽느냐의 상황에서 시작한 거죠.

그는 평소에도 커피를 너무 좋아해서 출장을 가기 전에 원두를 손수 볶고 드리퍼를 가지고 다니며 비행기에서 커피를 직접 내려 마셨다고 합니다. 비행기에서 향긋하게 퍼지는 커피 향에 얼마나 많은 승객이 괴로워했을까요.

돈이 별로 없었던 제임스는 2002년, 캘리포니아주 오클랜드의 한 레스토랑 창고 한 귀퉁이를 월세 600달러에 빌렸습니다. 로스팅 기기를 두고 원두를 볶아 납품하는 일을 시작한 건데요. 그나마도 레스토랑이 오픈하는 5시까지만 로스팅을 할 수 있었다고 하니, 그야말로 짠내 나는 시작이었죠.

처음에는 맞춤형 커피를 배달했습니다. 고객들과 전화로 좋아하는 커피 취향과 얼마나 자주 마시는지에 대해 묻고, 여기에 맞춘 커피를 일주일에 한 번 직접 배달하는 서비스였습니다. 다소 번거로운 비즈니스 모델이었고, 특히 당시 제임스의 자가용이었던 푸조 505 웨건에 실을 수 있는 커피의 양은 매우 한정적이었습니다.

주말에는 원두와 핸드드립 도구를 싣고 파머스 마켓에서 커피를 팔았습니다. 문제는 핸드드립 한 잔을 주문받고 만들기까지 10분이 걸린다는 것이었죠. 하지만 제임스의 커피가 너무 맛있어서 기다림을 감수하고 많은 사람들이 긴 줄을 섰습니다.

블루보틀

그 결과 1년 뒤, 제임스는 오클랜드의 또 다른 골목에 첫 번째 '블루보틀' 매장을 열 수 있게 되었습니다. 블루보틀이라는 이름도 '커피 덕후'다운 이름이었는데요. 이는 유럽에 커피가 전해진 기원에서 출발합니다. 17세기 말 유럽을 점령하고 있던 터키군은 1683년 비엔나를 포위합니다. 절망적인 상황에 놓인 비엔나 사람들은 인근에 주둔해 있는 폴란드 군대에게 자신들의 메시지를 전해줄 특사가 필요했습니다. 이때, 터키어와 아랍어에 능통했던 조지 콜시츠키George Kolshitsky가 터키군으로 위장하여 용맹하게 임무를 완수하죠. 그해 9월 13일, 터키군은 결국 가지고 왔던 모든 것을 남겨둔 채 격퇴했는데 그 중에는 이상한 콩이 잔뜩 들어있는 천 꾸러미도 있었습니다. 아랍 국가에서 여러 해 살았던 콜시츠키는 이 콩들이 바로 커피라는 것을 알아보았죠. 그는 비엔나 시장에게서 받은 상금으로 커피를 사고, 중부 유럽 최초의 커피 하우스 '더 블루보틀The Blue Bottle'을 열어 비엔나에 커피를 소개했습니다. 블루보틀은 여기서 따온 이름입니다.

블루보틀의 지독한 집착

스타벅스는 이탈리아의 에스프레소를 도입했고, 여기에 물을 부어 비교적 연하게 먹는 아메리카노를 보급시켰습니다. 실제로 에스프레소를 가장 많이 찾는 건 미국인들이고, 아메리카노를 가장 많이 먹는 건 한국인이라고 합니다. 아메리카노가 아니라 '코리아노'라고 불러야 할 정도죠.

블루보틀의 대표 메뉴는 푸어오버 pour over 방식으로 추출한 핸드드립입니다. 사실 이 방식은 원두도 2배가 들어가고, 커피를 내리는 10분간 붙들고 있어야 하기 때문에 비효율적이죠. 물을 천천히 따르면서 예쁘고 봉긋한 커피빵을 만들어야 하는데, 이때 내리는 속도에 따라서 맛이 달라진다고 하니 아주 정교한 작업입니다.

게다가 매번 드리퍼와 보틀을 씻어야 하니 정말 손이 많이 가는데요. 커피의 참맛을 위해 굳이 복잡한 방식을 채택한 거죠. 게다가, 모든 우유 음료에는 라테아트를 제공합니다. 오래 걸려도 찐 커피만 제공하겠다는 고집이 느껴지죠?

스타벅스의 음료 메뉴는 정말 셀 수 없이 많은데요. 하지만 블루보틀은 8가지 메뉴만 제공합니다. 핸드드립, 에스프레소, 카푸치노, 카페라떼, 카페모카, 마키아토, 뉴올리언스 커피, 핫초코입니다. 커피 맛을 잘 모르는 '커린이'들이 즐기는 바닐라 라떼라든가, 캐러멜 마키아토는 없습니다. 캐러멜처럼 향을 내는 첨가물은 넣지 않기 때문이죠.

그런데 메뉴에 생소한 이름이 보이는데요, 바로 '뉴올리언스 아이스커피'로 구운 치커리가 들어간 커피입니다. 1800년대 유럽에서 커피를 수입하지 못할 때 커피 맛과 유사한 치커

블루보틀

리의 뿌리를 로스팅해서 커피 대용으로 마셨다고 합니다. 커피도 들어가 있지만, 치커리의 씁쓸한 향과 사탕수수가 들어가서 독특하다고 하니 한번 도전해보는 것도 좋겠습니다.

또 다른 메뉴는 지브롤터. 초기에는 메뉴판에 없었지만 주문은 가능한, 아는 사람만 아는 시크릿 메뉴로 유명했는데요. 에스프레소 더블샷에 에스프레소 양의 두 배 정도의 스팀밀크를 넣은 아주 작은 커피입니다. 이 커피를 즐기려면 받자마자 1분 안에 마시는 것이 좋다고 합니다. 지금은 블루보틀의 시그니처 메뉴로 메뉴판에도 있으니 입에 털어 넣으며 이런 썰을 풀어보는 것도 좋겠죠. 이렇게 시그니처 음료만 살펴봐도 정말 커피를 즐기는 사람들을 위한 메뉴라는 느낌이 오죠.

또 블루보틀에서 파는 커피 사이즈는 355mL 하나입니다. 커피를 가장 잘 느낄 수 있는 용기의 사이즈와 물의 양이 정해져 있기 때문인데요. 이외에도 로스팅 48시간 이내 원두 30g, 94도로 데운 물까지 블루보틀의 레시피는 초정밀 매뉴얼로 이루어져 있습니다. 클라리넷 연주자였던 제임스의 섬세함이 느껴지는 대목입니다.

지금까지 소개한 내용은 블루보틀의 초기 메뉴이고, 현재 한국에는 16가지 메뉴가 있습니다. 그럼에도 불구하고 배스킨라빈스를 방불케 하는 스타벅스의 메뉴판에 비하면 훨씬 단출하죠. 커피 맛을 제대로 느낄 수 있는 메뉴만 제공하겠다는 집착입니다.

실리콘밸리에서 커피를 팔면 일어나는 일

사실 주변에 있는 카페만 둘러봐도, 커피 내리는 데 진심인 사장님들이 많이 계십니다. 로스팅을 직접 하기도 하고요. 그런데 대형 프랜차이즈가 커피 한 잔에 10분씩 내리고, 또 라테아트도 해주려면 인건비가 유지가 될까요? 이렇게 해서 스타벅스를 이길 수 있을까요?

만약에 제임스가 커피를 좋아하는 그저 커피 마니아였다면 로컬 카페 몇 군데로 끝났을지도 모릅니다. 하지만 커피를 시작한 샌프란시스코 오클랜드와 실리콘밸리는 한 시간 거리에 있었고, 실리콘밸리 사람들은 블루보틀 커피를 사랑했습니다. 그 덕분인지 제임스는 블루보틀을 스타트업처럼 운영했습니다. 블루보틀 커피를 더 많은 사람들에게 경험하게 하고 싶었기 때문이죠. 초기에 구글 벤처스로부터 2,000만 달러를 투자받고, 구글과 함께 '스프린트 sprint 방법론'으로 블루보틀의 문제를 해결하는 실험을 시작했습니다. 스프린트는 짧은 기간 동안 특정 작업을 집중적으로 수행하여 문제를 해결하는 과정을 말합니다.

그때까지 블루보틀의 주 수입원은 주변 카페에 원두를 납품하는 데서 나왔습니다. 블루보틀의 원두는 매우 좋았지만, 원두를 가져간 카페에서 커피를 내리는 동안 변수가 너무 많아 일관된 맛과 경험을 줄 수가 없었죠. 그래서 블루보틀은 과

블루보틀

감하게 B2B 원두 사업을 포기했습니다.

대신 고객에게 직접 원두를 배달하기로 하죠. 이 과정에서 가설과 테스트, 피드백 반영을 거듭하는 린 스타트업Lean Startup 방식을 도입합니다. 이 과학적 접근 방식을 통해 블루보틀은 고객들이 커피를 내려 마실 때 추출 도구에 따라 원두를 결정한다는 것을 알게 되었습니다. 여기에 제임스가 강조하는 '고객을 환대하는 경험'이 더해지면서 블루보틀의 커피 구독 사업인 '블루보틀 앳 홈Bluebottle at home'을 출시합니다. 커피와 추출 도구를 온라인으로 판매하기 시작한 거죠.

2019년 블루보틀의 온라인 주문은 전체 매출의 19%였습니다. 팬데믹 기간인 2020년에는 온라인 주문이 86%를 차지할 만큼 특수를 누렸죠. 자택 격리가 완화된 2021년에도 홈 카페 열풍은 이어져 전체 매출의 30%를 차지하고 있습니다.

또 매장에 가보면 블루보틀의 단순하면서도 매력적인 MD 상품에 눈이 돌아갑니다. 블루보틀은 질 좋은 커피를 만든다는 사업의 본질에 맞게 머그컵, 드리퍼부터 여행용 커피 도구 세트까지 커피에 관련된 용품을 제작, 판매하고 있습니다. 블루보틀 매장은 카페라기보다 브랜드를 경험하는 플래그숍flag shop과 같습니다. 애플스토어가 제품 판매보다 경험을 제공하고 브랜드 이미지를 알리는 거점 역할을 하는 것처럼 말입니다.

그래서 블루보틀 매장에는 와이파이도 콘센트도 없습니다.

처음에 한국에서는 반발이 예상됐습니다. 한국의 카공족(카페에서 공부하는 사람들)은 어떻게 해서든 자리를 잡을 거라고 말이죠. 하지만 맛있는 커피를 맛보는 데 방해가 되는 모든 요소를 제거하겠다는 제임스의 의지는 꺾이지 않았습니다.

   제가 처음에 말씀드린 새하얀 벽면에 단순한 매장 인테리어는 '인증샷'을 찍어 올리는데 최적화되어 있는데요. 사진 어딘가에 작게 보이는 파란 병 로고는 내가 지금 핫한 공간에 와 있음을 알려주죠. 이 역시 구글 벤처스와 함께 구상한 온라인 전략의 결과였습니다.

커피 제3의 물결

블루보틀은 '커피시장 제3의 물결'을 열었다고 평가받습니다. 미국 커피 시장 첫 번째 물결은 제 1, 2차 세계 대전 때 소비가 급증한 인스턴트 커피입니다. 커피믹스를 만들었던 네슬레 Nestlé가 리드하는 시장이었죠. 제2의 물결은 1990년대 등장한 에스프레소 머신으로 추출한 커피입니다. 시애틀의 스타벅스, 샌프란시스코의 필즈커피를 필두로 수많은 커피 전문점이 생겼죠.

   그러다 2010년 이후, 샌프란시스코를 중심으로 드디어 제3의 물결 커피가 시작되었습니다. 블루보틀, 필즈커피 Philz

블루보틀

coffee, 스텀프 타운Stumptown, 인텔리젠시아Intelligentsia등의 브랜드가 이끌고 있는 '스페셜티 커피'입니다. 스페셜티 커피란 미국 스페셜티커피협회(SCAA)에서 80점 이상 받은 우수한 등급의 커피를 말하는데요. 지리나 기후가 특수한 곳에서 자라고 재배가 친환경적으로 이루어진 커피 농가에게만 주어지는 등급입니다. 한 품종이 가진 고유의 맛을 느낄 수 있도록 주로 싱글 오리진 방식으로 제조합니다.

제3의 물결은 커피 산지의 특성, 무역 거래 방식, 품질을 중시하는 슬로우 푸드로의 변화를 수반합니다. 커피가 가치 소비의 시대로 접어든 거죠. 사람들은 이를 와인 시장에 비유하기 시작했습니다. 한번 높아진 커피 입맛을 바꾸기 어려울 거라고들 합니다. 스타벅스 역시 2008년부터 스페셜티 커피 시장에 대응하기 위해서 스타벅스 리저브Starbucks Reserve를 열었지만, 스페셜티 커피에선 블루보틀을 따라오지 못하고 있습니다.

그런데 재미있는 일이 일어납니다. 2017년, 제1의 물결 주역이었던 네슬레가 제3의 물결인 블루보틀을 지분 68%, 4억 2500만 달러(한화 약 5461억 원)에 인수했습니다. 당시 매장이 50여 개에 불과했던 블루보틀은 몸값을 아주 높게 평가받은 건데요. 하지만 커피 마니아들은 실망했습니다. 블루보틀이 스타벅스처럼 상업화, 대중화할 것에 대한 우려의 목소리가 높았죠.

제임스는 도대체 왜 이런 결정을 한 걸까요? 이는 블루보틀이 스타트업의 궤적에 따라 성장한 배경도 크게 작용했습니다. 그동안 블루보틀은 50여 개의 지점을 내고 유명해지기까지 10년간 아주 천천히 성장했습니다. 하지만 그동안 1,400억 원에 달하는 투자를 받았기 때문에 투자자들을 위해서는 상장이나 인수를 선택해야 했죠.

네슬레는 네스프레소Nespresso, 네스퀵Nesquick, 페리에Perrier 등의 브랜드를 보유하고 있으며 전 세계 식음료 시장 1위입니다. 2022년도 매출이 1,053억 달러로 펩시코 863억 달러, 코카콜라 430억 달러, 스타벅스 322억 달러에 비하면 월등히 높죠. 하지만 네슬레는 프리미엄 브랜드는 없었기 때문에 블루보틀을 인수하고 싶어 했습니다.

네슬레의 CEO 울프 마크 슈나이더Ulf Mark Schneider는 블루보틀의 CEO 브라이언 미한Bryan Meehan을 만나자고 하는데요. 블루보틀은 네슬레에 별로 인수되고 싶지 않았다고 해요. 하지만 슈나이더는 스위스 그 풍경 좋은 제네바 호수로 초청하여 브라이언 미한을 설득합니다. 브라이언 미한은 이렇게 회고했는데요.

"슈나이더가 커피를 대하는 방식, 네슬레가 우리의 커피를 인지하는 방식 자체가 다른 기업과는 달랐다. 밥 로스의 풍경화 같은 제네바 호수 앞에서 매각을 결정했다. 네슬레가 우리의 정체성을 온전히 지켜준다는 약속을 했고, 슈나이더의 노

블루보틀

력에 매료당했다."

이렇게 2012년 네슬레에 인수된 후 전 세계 매장은 100개 이상으로 늘어났고 한국에도 진출하면서, 브랜드의 영향력은 더욱 커졌습니다.

무소의 뿔처럼 묵묵히 가라

한국에는 아직 블루보틀 매장이 11개 남짓입니다. 2022년 기준 스타벅스 코리아가 1,777개 매장에서 2.6조 원의 매출을 올린 것에 비하면 11개의 블루보틀 코리아 매출은 202억 원으로 작은데요. 한국에서 잘 안 되나 싶어서 찾아보니 매장마다 여전히 사람도 많습니다. 블루보틀은 제 속도로 가고 있는 것입니다.

블루보틀의 행보는 기존의 비즈니스 전략으로는 이해할 수 없는 것이 많습니다. 효율성이 아니라 '고객이 무엇을 좋아할지'에 기반해 의사결정을 하기 때문입니다. 빠른 것과 많은 것과는 거리가 먼 단순함이죠.

그 결과, <뉴욕타임스>는 블루보틀을 이렇게 평했습니다.

"스타벅스가 마이크로소프트라면 블루보틀은 애플이다."

애플과 블루보틀은 가치를 알아보는 소수의 마니아를 타깃으로 한다는 점, 감성과 경험을 중시한다는 점도 비슷합니다.

무엇보다 기업이 주장하는 철학과 고객 경험이 일치해 진정성 있는 브랜드로 사랑받고 있죠.

하지만 역설적으로 제임스는 브랜딩을 고민하지 않는다고 합니다. 그저 더 맛있는 커피를 더 좋은 곳에서 즐기고, 모든 경험을 행복하게 만들려고 노력하는 거죠. 고객들이 와서 어떤 지점에 만족을 느끼고 불편함을 느낄지 고민하고 모든 경험을 더 간결하게 만들기 위해 노력합니다. '왜 이렇게 커피 종류가 많은 건지, 왜 이렇게 대기 시간이 긴 건지' 이런 중요한 질문에 대한 명확한 대답을 구하는 과정 속에서 브랜딩을 한다고 느낀다는 거죠.

제임스는 무엇보다 제품이 가장 우선이라고 말합니다. 여전히 로스팅 과정에서 전문가들과 바리스타가 참여하여 체계적으로 커피를 만들고 시음합니다. 우연히 좋은 맛을 발견하면 전부 달려들어 분석하는데요, 조금씩 나아지기 위해 여러 번의 실험을 거치는 거죠. 블루보틀을 보면 천천히 묵묵히 자기 길을 갑니다. 자기만의 속도로 가는 것. 바로 이것이 세계적인 브랜드가 되는 가장 빠르고 유일한 방법이 아닐까요.

블루보틀

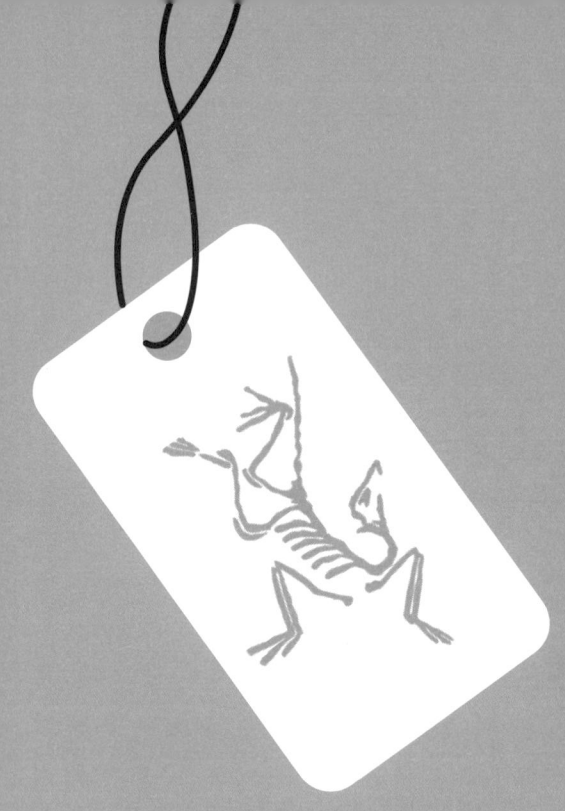

아크테릭스 Arc'teryx

디자인도 마케팅도 없이
최고의 브랜드가 된 비결

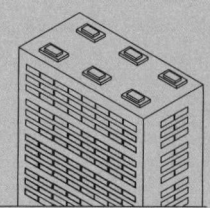

캐나다의 등반가 데이브 레인이 등반 장비에 대한 불만을 품고 직접 제품을 만들기 시작했다. 업계 최고의 기술력으로 가벼움, 통기성, 내구성이 모두 높은 바람막이 자켓을 만들었다. 이유 없는 디자인은 조금도 넣지 않는다. 기능이 곧 패션임을 증명하며, 힙합 씬과 MZ세대가 먼저 알아보았다.

2022년 5월, 저는 친구를 만나러 캐나다로 여행을 떠났습니다. 캐나다의 진가를 느끼고자 3박 4일 백패킹 여행을 택했는데요. 브리티시 컬럼비아주와 앨버타주 사이에 있는 '아시니보인'이라는 트레일 코스였습니다. 아직 한국인 여행객의 발길이 많이 닿지 않아 정보가 부족했죠. 이곳은 대중교통이 닿는 캔모어라는 작은 마을로부터 한 시간, 약 45km를 차를 타고 가야 했습니다. 30분쯤 가다 보니 기사님이 차를 세우고, 여기부터는 인터넷이 터지지 않으니 여기서 결제를 하라고 하더라고요. 국립공원은 약 전라북도만한 크기의 집도 절도 없는 빽빽한 산림이었습니다. 상상도 못할 커다란 산속에 인터넷도 없이 덜컥 떨어진 겁니다.

첫날 트레일을 마치고 나오는 두 명의 등산객 외에는 며칠간 사람을 만나지 못했는데요. 간혹 사람을 향해 출몰한다는 그리즐리 베어Grizzly bear보다 무서운 건 추위였습니다. 5월이었지만 산속은 매우 추웠고 비바람이 계속 몰아쳤습니다. 그래도 바람막이는 어느 정도 방수가 됐는데, 방수가 안 되는 바지와 양말 때문에 오들오들 떨어야 했죠. 게다가 가면 갈수록 무릎까지 쌓인 눈 때문에 저희는 목적지까지 가지도 못하고 길을 헤매다 돌아와야 했습니다. 나중에 알고 보니 그곳은 7, 8월이 돼야 겨우 봄과 같은 날씨로 트레일을 즐길 수 있는 코스였죠.

그렇게 다시 도시로 나와 보니 그제야 그곳의 주민들이 입고 있는 옷들이 눈에 들어왔습니다. 고도가 높은 동네라 5월인데도 바람막이는 필수였는데, 아웃도어 브랜드인 아크테릭스와 블랙다이아몬드Black Diamond가 제일 많았습니다. 동네에도 아웃도어 가게가 많았는데요, 예쁜 건 많았지만 너무 비싸서 못 사겠더라고요. 더 큰 이유는 '아크테릭스는 관악산이나 북한산에서는 필요가 없구나. 이런 혹독한 산악 환경을 즐기는 전문 산악인을 위한 전투복 같은 것이구나.'하는 깨달음 때문이었습니다.

아크테릭스

고프코어의 유행

그동안 한국에서는 동네 뒷산에만 가도 방수 짱짱한 아웃도어 의류를 흔히 볼 수 있었죠. 그런데 팬데믹으로 인해 이 아웃도어 의류가 젊은층 사이에서 유행하기 시작했으니, 이른바 '고프코어GORP core'라고 합니다. 이는 2017년 미국의 패션 매거진 <The CUT>에서 처음 등장한 단어로, 등산복을 일상복에 믹스매치해 입는 것을 뜻합니다. 심지어 'GORP'란 등산 다닐 때 먹는 행동식인 그래놀라Granola, 귀리Oat, 건포도Raisin, 땅콩Peanut의 약자이니 얼마나 푸근한가요.

캐나다에서 만든 아웃도어 의류 브랜드인 '아크테릭스' 역시 전통의 아웃도어 의류 중 하나였습니다. 특히 암벽등반을 하는 사람들 사이에서 안전하고 튼튼한 장비와 내구성 있고 보온 잘 되는 의류로 유명했죠. 그런데 이 브랜드가 핫하고 힙한 고프코어의 중심이 되기 시작한 건 루이비통 최초의 흑인 디자이너이자 수석 디자이너인 버질 아블로Virgil Abloh의 영향이 컸습니다.

그가 2020년 파리 루이비통 패션쇼 피날레에서 파란색 아크테릭스 바람막이를 입고 나온 건데요. 원래대로라면 루이비통 의상을 입어야 하는 자리에 다른 브랜드, 그것도 패션계와는 거리가 먼 아웃도어 의류를 입은 겁니다. 이날의 테마가 '하늘'이라 그냥 하늘색 옷이 있길래 입고 나온 걸까요.

하지만 머잖아 자신의 브랜드인 오프화이트Off-White 패션쇼에는 아예 아크테릭스를 오리고 붙여 드레스와 조합한 의상들을 선보입니다. 고풍스러운 드레스에 고어텍스 소재의 상의라니. 게다가 알고 보니 이 패션쇼는 아크테릭스와 합의된 콜라보가 아니라 버질 아블로의 덕질이었습니다. 아크테릭스는 며칠 후, 법적 대응 대신 공식적인 협업은 아니라는 쿨한 입장 표명을 했죠. 이를 활용한 어떤 마케팅도 제품 출시도 없었습니다.

버질 아블로는 평소에도 경계를 허무는 패션을 추구해왔습니다. 그런 그의 철학이 아크테릭스와의 조합을 만들어낸 건데요. 많은 사랑을 받던 버질 아블로는 1년 후, 심장암으로 갑작스럽게 세상을 떠나 팬들을 더 안타깝게 했죠. 하지만 그 이후로 아크테릭스는 하이패션의 영역으로 사랑받게 됩니다.

아크테릭스를 사랑한 건 버질 아블로만이 아니었습니다. 카니예 웨스트Kanye West나 드레이크Drake 같은 셀럽들의 패션 아이템으로도 사랑받았죠. 또 한국에서는 삼성 이재용 회장이 아크테릭스를 입고 대중교통인 SRT로 부산을 가는 사진이 찍혀 화제가 되었습니다. 137만 원이었던 그 재킷은 금세 동이 났고요. 또 영국의 윌리엄 왕자와 중국의 시진핑이 입으며 정계까지 휩쓸었는데요. 이러한 열풍 덕분에 한국에서는 고등학생들도 많이 찾았고, 노스페이스에 이어 학부모들에겐 새로운 등골 브레이커로 떠올랐죠.

아크테릭스

내가 쓰려고 만든 장비

아크테릭스 역시 노스페이스, 파타고니아와 마찬가지로 등반을 좋아하는 등반가가 본인이 쓰려고 만든 브랜드입니다. 창업자 데이브 레인Dave Lane은 캐나다 밴쿠버에서 태어났습니다. 밴쿠버에서 가까운 스쿼미시는 암벽등반 루트가 3,000개가 넘을 만큼 암벽으로 유명한 동네인데요. 데이브는 이곳을 마치 뒷산 오르듯 등반하곤 했죠. 그는 캐나다만큼 암벽등반을 위한 천혜의 자연환경이 없음에도 불구하고, 캐나다에 변변한 아웃도어 브랜드가 없는 것에 불만을 품었습니다.

결국 1989년, 등반가였던 친구들과 구두 공장을 인수하면서 창업을 시작했죠. 말이 공장이지 몇 대의 재봉틀만 있는 작은 지하실이었습니다. 처음 회사의 이름은 락솔리드Rock Solid였지만 2년 뒤, 시조새의 학명인 아키옵테릭스Archaeopteryx에서 이름을 딴 아크테릭스ARC'TERYX로 바꿨습니다.

이들이 처음 만든 장비는 '하네스'라고 부르는 안전벨트입니다. 암벽등반을 할 때는 이 하네스에 로프를 묶고 벽에 확보 장치를 하면, 확보자가 로프를 반대쪽에서 당겨주는 도르레 원리를 통해 추락으로부터 몸을 보호하게 됩니다. 기존에도 하네스가 있었지만 앞쪽도 넓고 뒤쪽도 넓어 허리를 굽히기가 불편했어요. 그래서 앞쪽 벨트는 좁히는 반면, 허리 뒤쪽은 추락 시 집중적으로 하중을 받는 부분인 만큼 폭을 넓히고

쿠션을 주었죠.

제작 방식도 기존과는 달리 360도 열성형 기법으로 만듭니다. 이러한 제작 방식 덕분에 입고 매달렸을 때 마치 구름 위에 떠 있는 것 같이 가볍고 안정적이라고 해서 베이퍼Vapor 하네스라는 이름이 붙었는데요. 1992년 출시한 이 제품은 대박이 나고, 등반 하네스의 표준이 되었습니다.

그다음 히트한 제품은 백팩 '보라Bora'였습니다. 암벽 등반가나 백팩커들은 무거운 장비를 지고 산을 오르내려야 합니다. 보통은 하중을 분산하기 위해서 허리 부분에도 힙벨트를 차는데요. 기존의 제품은 무게는 분산할 수 있지만 고관절을 움직이기가 영 불편했죠. 아크테릭스는 이 힙벨트에도 앞서 개발한 베이퍼 공법을 적용하여 벨트가 상하좌우로 움직이도록 했습니다. 무거운 등반 짐이 흔들리지 않으면서도 동작은 자유로울 수 있도록 개선한 것이죠.

이렇게 초반의 아크테릭스를 보면 패션보다는 거의 장비 회사에 가깝다는 것을 알 수 있습니다. 우리가 오늘날 아크테릭스 하면 떠올리는 기능성 의류들은 1995년에 이르러서야 개발되기 시작합니다. 공교롭게도 데이브 레인은 이때, 서핑과 스노우보드를 즐기기 위해 회사의 운영에서 손을 뗐습니다. 노스페이스의 창업자 더글러스 톰킨스Douglas Tompkins도 마찬가지인데, 아마도 자유로운 영혼들이라 자연으로 빨리 돌아가고 싶어 한 모양입니다.

비록 창업자는 떠났지만, 테크니컬 제품 개발에 대한 열정과 꼼꼼하고 섬세한 DNA는 계속 전수됩니다. 1995년부터는 디자이너였던 마이크가 고어텍스 소재를 기반으로 바람막이를 개발하기 시작합니다.

아크테릭스의 마스터피스 (Feat. 고어텍스)

만일 바람막이 자켓을 사보신 적이 있다면, 아마 가격표와 함께 'GTX'라고 붙은 라벨을 본 적 있을 겁니다. 이것은 미국의 고어사(W.L. Gore & Associates)가 만든 소재인 '고어텍스' 원단을 사용했다는 뜻입니다. 마치 컴퓨터에 '인텔 인사이드' 스티커가 붙은 것이나 신발에 '비브람' 솔을 적용했다는 것을 크게 표시하는 것처럼 최고의 품질을 가진 원자재 브랜드만이 할 수 있는 방식이죠.

고어텍스는 1969년 윌버트 고어(Wilbert Gore)가 처음으로 특허를 냈는데요. 테플론이라는 합성수지를 가열하면 수많은 미세 기공이 생겨 수증기는 통과할 수 있지만, 액체는 통과할 수 없습니다. 그래서 땀은 수증기가 되어 나가지만 빗물은 안으로 들어오지 못하는 방수 기능이 생기는 한편, 신체가 열을 발산할 때 체온을 조절해주죠. 아웃도어 의류에 최적의 기능을 발휘하는 겁니다.

고어텍스는 여러 브랜드의 기능성 의류, 신발의 원단으로 쓰이지만, 아무나 사갈 수 없습니다. 자신들의 브랜드가 훼손되지 않을 만큼 검증된 제품에만 사용을 허락하기 때문입니다. 아크테릭스는 의류를 만든 이력이 없는데 고어텍스에서 라이센스를 내준 최초의 회사라고 합니다. 아크테릭스가 얼마나 기술에 집착하는지 알고 있었기 때문인데요. 고어텍스 역시 그런 DNA를 가지고 있었기 때문에 한눈에 알아본 것이죠.

그렇게 해서 첫 번째로 탄생한 제품이 1998년에 출시된 알파 SV 재킷입니다. 기존의 아웃도어 재킷들보다 월등한 방수와 방풍 성능을 보여주었죠. 그동안 방수가 잘 안 됐던 지퍼는 보통 앞에 플랩Flap이라는 천을 부착하는데요, 아크테릭스에게는 작은 천마저도 무게를 늘리는 요소였기 때문에, 100% 방수가 되는 워터타이트watertight 지퍼를 개발하고 플랩을 제거했습니다. 방수의 또 다른 적은 봉제선인데요. 방수를 잘 하려고 방수 테이프를 너무 두껍게 붙이면 옷이 무거워지기 때문에 이를 줄이려고 노력합니다. 경쟁사들은 보통 22mm를 사용했으나 아크테릭스는 17mm까지 방수 테이프를 줄였죠.

알파 SV 재킷은 20년이 훨씬 지난 지금, 그 기능과 기술이 더욱 좋아져 당시 708g이던 무게는 현재 485g으로 줄었고, 방수 테이프의 두께는 8mm로 줄었습니다. 이런 기술은 아주 정교한 재봉기술로 이루어집니다. 보통 등산의류는 1인치에 8땀을 박음질한다면 아크테릭스는 신사복과 같은 14 땀을 적

아크테릭스

용하면서 아주 한 땀 한 땀 차이를 만들어 낸 거죠.

이러한 성공에 힘입어 1998년부터는 고어와 긴밀한 연구·개발 협조체계를 구축합니다. 일반적인 원단공급사-수요사 관계와는 다르게 형제 기업이 된 건데요. 고어텍스의 신제품을 아크테릭스가 가장 먼저 접근하고, 아크테릭스의 신제품으로 가장 먼저 만나볼 수 있다고 합니다.

원단뿐만이 아닙니다. 아크테릭스는 이유가 없는 장식이나 디자인은 모두 제거하고, 기능상 꼭 필요한 부분은 섬세하게 디자인을 적용합니다. 비바람을 막아주는 하드 셸Hard Shell 바람막이는 얼굴에 지퍼 부분이 닿는데요. 극한 날씨나 격한 활동 중에는 입술과 치아를 다치게 할 수 있습니다. 그래서 아크테릭스의 지퍼는 턱 부분부터 입에 쓸리지 않게 옆으로 올라갑니다.

아웃도어 브랜드에게 의류Apparel란 혹독한 환경에서 살아남기 위한 하나의 장비입니다. 보통은 한두 벌의 옷으로 해결하는 것이 아니라 기본적으로 여러 겹을 겹쳐 입는 레이어링 시스템이죠. 레이어링을 할수록 땀과 열은 빠르게 배출해주고 혹독한 추위나 비바람으로부터 신체를 보호할 수 있습니다.

그래서 아크테릭스의 옷도 레이어링에 따라 6단계로 구분이 되어있고, 의류 모델은 기능에 따라 구분하고 있습니다. 제품명만 들어도 언제 어떻게 입어야 할지 알 수 있죠. 그러니까 사실은 장기 트레일을 가거나 암벽 등반을 할 게 아니라면 굳이 137만 원짜리 바람막이를 안 사도 크게 문제가 없다는 뜻이긴 합니다. 다른 경량 라인업들도 있으니까요. 용도에 맞는 제품을 고르는 게 가장 중요하겠죠.

아크테릭스 옷이 비싼 이유

아크테릭스의 디자인 센터는 캐나다의 노스밴쿠버에 있습니다. 디자이너들이 디자인을 즉시 시제품으로 만들어보고 필드 테스트를 하는 곳이죠. 센터 내부에 방수 테스트를 할 수 있는 곳도 있지만, 입고 밖으로 나가 직접 활동을 하기도 합니다.

이 노스밴쿠버 지역은 연간 178일 비가 온다고 해요. 비 오는 날이 한국의 2배 이상인데요. 방수 능력을 테스트하기가 너무 좋겠죠? 또, 한 시간 거리에 있는 코스트 산맥에서는 온대 우림부터 빙하까지 다양한 기후를 만날 수 있습니다. 여기에서 테스트만 도와주는 클라이머 앰배서더들도 있어요. 직접 입고 익스트림 스포츠를 즐기고 돌아온 앰배서더가 피드백을 주고 그것을 즉각 반영하는 겁니다.

디자인 센터 가까운 곳에는 생산 공장이 있습니다. 바로 아크원ARC'One. 디자이너들은 시제품 제작과 테스트 후 아크원으로 바로 가서 양산 가능성을 논의하는 건데요. 아크테릭스 디자이너들은 그저 '옷 만드는 법'을 연구하는 게 아니라, 모든 공정의 '이유'를 이해해야 한다고 합니다. 공정, 자재에 대한 이해를 전제로 디자인 센터와 공장의 긴밀한 협업을 통해 혁신적인 제품이 탄생하는 거죠.

한때는 아크원이 아크테릭스의 모든 생산을 담당했지만, 현재는 아크테릭스 전체 생산량의 5~10%만 생산을 하고 있습니다. 나머지 물량은 전 세계 23개 공장에서 제작하고 있죠. 아크테릭스의 모든 제품 공정은 수작업으로 한 땀 한 땀 만들어집니다.

오늘날은 아크테릭스가 이렇게 높은 수요를 자랑하고 있지만, 등반 전문가들에게 수요가 한정됐던 초반에는 회사가 재정적으로 많은 어려움을 겪었다고 합니다. 그래서 2001년 독일의 아디다스가 소유하고 있던 '살로몬 그룹Salomon Group'이 아크테릭스를 인수합니다. 살로몬 그룹 산하에는 윌슨Wilson, 아토믹Atomic, 순토SUUNTO같은 다양한 스포츠 브랜드가 있습니다. 대중적인 아웃도어 브랜드보다는 매니아층을 위한 브랜드 라인업이죠.

그런데 2005년 핀란드의 '아머스포츠Amer Sports'가 다시 아디다스로부터 살로몬 그룹을 인수합니다. 그리고 다시 2019년, 중국의 '안타스포츠Anta Sports 그룹'이 핀란드의 아머스포츠를 6조 원에 인수하는데요. 정리하자면 현재 아크테릭스는 안타스포츠의 아머스포츠 산하 살로몬 그룹 소속입니다. 안타스포츠는 나이키, 아디다스에 이어 세계 3위 스포츠 브랜드입니다. 아크테릭스는 별도로 상장되어 있지 않으니, 주식을 사고 싶다면 안타스포츠 주식을 사야 하는 거죠.

중국의 안타스포츠에 관련된 이야기도 재미있는데요. 잠깐 살펴보면, 창업자 딩스종丁世忠의 부모님은 중국 푸젠성(복건성)에서 나이키 OEM공장을 운영했다고 해요. 당시에는 한국이나 중국에서 미국 스포츠 브랜드의 주문 제작을 많이 했던 거죠. 그때의 기술과 노하우로 한국이나 중국이나 훌륭한 품질의 스포츠 브랜드를 제작할 수 있었는데요. 그러니까 OEM을 하던 기업이 오늘날 세계적인 브랜드를 여러 개 보유하고 운용하는 수준에 이른 것입니다. 현재 안타스포츠는 중국 1위의 스포츠 브랜드로, 자체 브랜드뿐만 아니라 한국의 휠라, 일본의 데상트와 같은 브랜드를 중국에서 유통하면서 중국 최대의 스포츠 브랜드가 되고 있습니다.

한 우물만 우직하게

한동안 틱톡에서 유행한 챌린지가 있습니다. 아크테릭스 자켓을 입고 샤워를 하는데, 자켓을 벗으면 속은 하나도 젖지 않고 쾌적합니다. 이 자켓이 얼마나 방수가 잘 되는지 자랑하는 영상을 올리는 겁니다. 일상에서 산에도 안 가고, 조금만 비가 와도 우산을 쓰는 사람들에게 아크테릭스의 기능이 얼마나

아크테릭스

효용이 있을지 모르지만, 이미 아크테릭스의 기능 자체가 패션이자 놀이가 되는 것이죠.

아크테릭스는 그동안 패션/디자인 요소는 전혀 신경 쓰지 않고 극단적인 기능성에 초점을 맞춰 왔는데요. 2001년부터 아크테릭스를 한국에 수입하고 있는 넬슨코리아 정호진 대표는 이렇게 말합니다.

"재킷 구석구석 모두 기능적인 이유가 있습니다. 그 결과 재킷에 아름다움이 구현된 겁니다. 고객들이 아크테릭스 옷은 왠지 아름답다고 말하는 이유가 여기 있죠. 완성된 기능이 아름다움을 뿜어내는 겁니다. 기능이 곧 패션이라는 말, 저는 아크테릭스에서 실감합니다."

지금도 아크테릭스는 멋진 광고보다는 경험을 홍보하고 있습니다. 매년 소비자들과 함께 등반을 하고 스키를 타기도 하죠. 자연환경에서 익스트림 스포츠를 즐기며 동료들과 어울리다 보면 자연스레 아크테릭스를 찾게 된다고 믿는 거죠.

그래서 아크테릭스는 쿨내납니다. 오랫동안 산 하나만 바라보며 우직하게 걸어오다 보니 한때는 아재들만 찾던 브랜드가 MZ세대에게 통하고 있는데요. 정작 본인들은 아무럼 상관없다는 느낌입니다. 이들의 전략은 그저 "좋은 옷을 만든다"입니다. 그리고 그 전략이 통했을 때 얼마나 영향력이 있는지 우리에게 생생히 보여주고 있습니다.

다이슨 Dyson
실패를 장려하고,
실패에 투자하는 기업

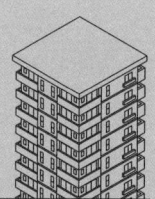

영국 출신 제임스 다이슨이 설립한 가전 기업. 세계 최초로 먼지봉투가 필요 없는 진공청소기를 개발했다. 21세기 가전 시장에서 여러 혁신을 선보이며 확실한 품질로 프리미엄 전략을 유지하고 있다. 세탁기와 전기차 등 실패한 제품도 많지만, 실패를 장려하고 투자하는 DNA로 새로운 혁신을 추구하고 있다.

저는 숱이 없는 데다 펌을 해봐야 2주면 풀려버리기 때문에 늘 머리 볼륨에 고민이 많았습니다. 그러던 어느 날, 한 미용실 선생님이 '다이슨 에어랩'이라는 혁신적인 제품이 있으며, 고객님 같은 머리에 볼륨을 줄 수 있다고 소개했죠. 그길로 돌아와 검색을 해봤는데, 웬걸 가격이 55만 원이나 하는 겁니다. (신제품이 나올 때마다 올라 2024년 기준으로 679,000원까지 치솟았습니다.)

고민하던 저는 당근마켓을 통해 중고품을 알아봤습니다. "그래, 사놓고 안 쓰는 사람이 분명 있을 거야." 하는 마음으로 찾아봤죠. 그런데, 다이슨 에어랩은 당근마켓에 올라왔다하면 고민할 새도 없이 거래가 되곤 했습니다. 저는 '에어랩'을 알람

키워드로 걸어놓고, 뜨면 바로 사리라고 마음먹었죠. 머지 않아, 새로 에어랩 제품이 등록됐다는 알람을 받았고, 몇 번 안 쓴 제품이라 42만 원에 내놓는다고 했습니다. 13만 원이나 저렴하게 살 수 있는 기회라니, 저는 바로 거래를 요청했습니다. 상대는 아기 엄마라서 직거래가 어렵다며, 택배로 발송해줄테니 대신 안전거래를 통해 안전하게 결제를 하자고 청했습니다. 저는 그러기로 하고 의심 없이, 건네준 안전 결제창에 결제를 했습니다. 이럴 수가. 모든 것이 수분 내에 이루어졌고, 이상하다 느꼈을 때는 이미 돌이킬 수가 없었습니다.

　저는 바로 사이버수사대에 신고를 했고, 범인이 잡혀 재판까지 받았지만, 저는 돈을 돌려받을 수 없었습니다. 그래서 다이슨을 아주 원망하게 됐지만, 결국 정품을 구매하게 됐죠. 거의 2배에 가까운 돈을 주고 산 셈이었지만 후회가 없을 만큼 좋았습니다. 에어랩은 바람만으로 헤어롤을 만 것 처럼 머리를 돌돌 말아주는데 이게 정말 신묘했습니다.

　이제 에어랩을 하지 않은 날은 자신감이 떨어질 만큼 저의 필수템이 되었고, 다이슨 드라이어, 선풍기, 청소기까지 연이어 들여 놓았죠. 지금은 남편이 더 좋아하는 가전제품이 되었는데요. 도대체 다이슨의 매력, 어디에서 나오는 걸까요?

다이슨

흑역사가 되어버린 첫 번째 창업

제임스 다이슨 James Dyson 은 1947년 영국의 작은 마을에서 태어났습니다. 그리고 스스로 마을에서 벗어나 세계 최고의 예술 및 디자인 대학 중 하나인 영국 왕실 예술학교를 졸업하죠. 졸업 후에는 군용 상륙선을 만드는 회사에서 처음에는 세일즈맨으로 일하다, 이후에는 직접 고객의 수요에 맞는 제품을 만들어 납품합니다. 이 과정에서 제임스는 디자인뿐만 아니라 세일즈 역량과 엔지니어링 능력까지 갖추게 되죠. 회사에서 계속되는 성과에 자신감을 얻은 제임스는 4년 후, 직접 창업을 하기로 결심합니다.

그의 첫 번째 아이템은 정원용 수레였습니다. 영국은 정원을 많이 가꾸는데 기존 수레는 바퀴가 하나여서 흙이 울퉁불퉁하거나 단차가 있는 곳에서는 쉽게 넘어졌습니다. 제임스는 이 바퀴를 커다란 고무공으로 바꿉니다. 고무공에는 물을 채워 무게중심을 잡을 수 있도록 했죠. '볼 배로우 Ball Barrow'라고 이름을 붙인 제품은 영국 전역에서 대박이 났습니다. 제임스는 매형의 투자를 받고, 친구들을 규합해 '커크 다이슨'이라는 회사를 만들었죠.

그런데 이때 제임스는 회계나 유통에 대해 무지했습니다. 당시에는 주로 브로슈어를 우편으로 보내 전화주문을 하는 시스템이었는데요. 매출이 일어나자 이들은 외부에서 유통 전문가를 데려오거나 세일즈맨들을 영입하고, 마케팅 비용을 많이 썼습니다. 유통채널이 다각화되면서 비용이 크게 증가했죠.

그 결과, 회사는 재정적으로 어려움에 빠지고, 동료들은 그 책임을 제임스에게 물어 제임스를 쫓아냈습니다. 스티브 잡스처럼 자기가 세운 회사에서 쫓겨난 겁니다. 이때 울분에 찬 제임스는 굳은 결심을 합니다. 바로 자기지분 100%의 회사를 만들겠다는 것. 그래서 지금도 다이슨은 창업주 제임스 다이슨이 지분 100%를 가지고 있는 비상장 기업입니다. 최근 인터뷰에서도 그는 자본의 투입을 원치 않는다며 벌어서 회사를 운영하는 게 더 좋다고 했죠.

하지만 이때만 해도 무방비로 자기가 만든 회사에서 쫓겨나 백수가 된 제임스. 마침 회사를 나오기 전, 교외에 드넓은 농장을 하나 사고 집을 지은 상태였습니다. 제임스는 끝이 없는 농장일과 집안일을 하기 시작합니다. 그런데 손수 청소를 하다 보니 진공청소기가 영 시원치 않았습니다. 제임스는 청소기를 분해하기 시작합니다. 당시 청소기는 흡입한 먼지를 '먼지봉투'에 담고 공기는 빠져나가는 구조였습니다. 청소기를 사용하다 보면 먼지봉투를 한 번씩 꺼내서 버려야 했는데요. 먼지봉투를 바꾸어도 머지않아 흡입력이 떨어지기 시작했죠. 이상하게 생각한 제임스가 먼지봉투를 열어보니, 먼지봉투가 가득 차지 않아도 금세 먼지막이 생겨 흡입을 방해하고 있었습니다.

다이슨

진공청소기는 1901년 영국의 세실 부스Cecil Booth가 최초로 발명했습니다. 1908년 윌리엄 후버가 특허권을 사고 전 세계에 판매를 시작합니다. 현대적인 의미의 진공청소기가 상용화된 것은 1950년대였습니다. 하지만 그로부터 40년이 흐르도록, 진공청소기는 개선도 변화도 없었던 것입니다. 제임스는 여기에 착안하여 다음 창업을 결심합니다. 진공청소기는 모든 가정에서 쓰니 수요도 충분할 거라고 생각했죠. 그때부터 제임스는 창고에 틀어박혀 청소기를 개발하기 시작했습니다.

창고에서 5년간 5,126번의 실패

제임스는 먼지막을 형성하는 먼지봉투가 문제라고 판단했습니다. 그래서 먼지봉투 대신 먼지통을 사용하여 먼지를 모으고, 이 먼지통을 쉽게 비울 수 있는 새로운 구조를 고안했습니다. 하지만 먼지는 남기고 공기만 빠져나가게 하는 구조를 만드는 것은 쉽지 않았습니다.

그러던 중 제임스는 나무를 다루는 제재소에서 톱밥을 빨아들이는 커다란 기계를 발견했습니다. 기계는 회오리 바람을 일으켜 바람은 올려 보내고 톱밥은 아래로 떨어뜨리는 싸이클론 기계였죠. 기계의 원리가 너무 궁금했던 제임스는 야밤에 공장으로 잠입합니다. 커다란 싸이클론 안쪽으로 기어 들어가 천천히 살펴보고 집으로 돌아와서 이를 스케치 하는데요. 제임스 생각에 이를 청소기에 적용하는 건 시간 문제였죠.

하지만 그 시간은 생각보다 오래 걸렸습니다. 1~2년이면 될 줄 알았던 연구는 5년까지 길어졌습니다. 이 시기에 5,127개의 프로토 타입을 만들었다는 이야기는 유명하죠. 5년 동안 수입이 없자 아내가 경제생활을 영위해야 했고, 시제품을 만드는 데 드는 재료비는 집을 담보로 대출을 받아야 했습니다. 외양간으로 쓰던 곳에 만든 실험실에서 제임스는 길고 외로운 싸움을 했죠.

그 결과 제임스는 싸이클론 진공청소기를 만들게 됩니다. 강력한 원심력으로 우리가 받는 중력(1G)의 293,000배나 높은 중력을 발생시켜, 1g짜리 먼지 알갱이가 293kg의 무게로 작용하게 됩니다. 작은 먼지도 강력하게 빨아들이게 된 거죠.

가까스로 완벽한 시제품을 개발했을 때, 제임스는 정말 돈이 다 떨어졌습니다. 공장에서 양산하고 마케팅할 돈이 없던 거죠. 그래서 이 아이템을 사줄 회사를 찾아다녔습니다. 영국의 가전회사들은 말할 것도 없고, 미국으로 날아가서 당시 진공청소기 1위였던 후버와 제네럴 일렉트릭 등을 만나는데요. 숱하게 거절 당했습니다

대부분은 "지금 청소기도 있는데 뭐 굳이 이걸 써야 하냐."고 되물었고, 혹은 청소기가 좋다고 하다가도 제임스가 원하는 조건을 맞춰주지 않아 무산되곤 했죠. 그만큼 시장에서 제

다이슨

임스의 제품이 잘 될 거라고 확신하는 사람이 드물었습니다.

그러는 사이, 또 3년이 흘렀습니다. 몇 번이나 포기하고 싶었던 그때, 제임스는 그 와중에도 돈을 털어 미국의 디자인 잡지에 그의 시제품 사진을 게재합니다. 그저 제품 사진이 잔뜩 실려 있는 두꺼운 도록이었죠. 이걸 본 일본의 한 업체에게서 연락이 옵니다. APEX라는 전자기업이었죠.

일본에 대해 잘 몰랐던 제임스는 약간의 두려움을 안고, 저렴한 경유 항공을 타고 며칠이 걸려 일본에 도착합니다. 마치 사무라이 같은 사람이 나올 것만 같았죠. 때는 1983년, 일본 경제는 호황이었습니다. APEX는 제임스에게 설계비와 선수금을 주고, 매출당 10%의 로열티까지 주기로 합니다. 제임스가 그토록 원했던 조건을 지구 한 바퀴를 돌아 일본에서야 찾게 된 겁니다.

게다가 제임스는 일본회사와 협업을 하면서 완벽주의를 배우게 됩니다. 한번은 납품받은 부품에 지문이 묻어 있었는데요. 일본 기술자들은 경악을 하면서 한밤중에 대책 회의를 열기도 했죠. 이러한 완벽주의는 훗날 다이슨 회사에도 계승되었습니다.

1983년, 일본에서 처음 선보인 먼지봉투 없는 싸이클론 진공청소기 '지포스G-Force'는 출시하자마자 대박이 납니다. 연이어 유럽 청소기 시장 점유율 1위를 차지한 다이슨은 미국에도 진출하여 3년 만에 후버를 제치고 1위를 차지합니다. 영국 일

간지 타임지는 "비틀즈가 40년 전 미국을 휩쓴 이래 처음으로 영국 제품이 미국 제품을 정복했다."고 대서특필했습니다.

바람을 다스리는 기업

그러자 여러 국가와 기업에서 앞다투어 지포스의 라이센스를 사갔습니다. 하지만 제임스는 '볼 배로우' 때와 다르게, 판권 계약을 영리하게 설계했죠. 10년이 지난 1993년, 제임스는 라이센스를 다 거둬들이고 '다이슨'이라는 회사를 창업했습니다. 다이슨은 '일상의 문제를 해결하는 기술'이라는 철학으로 기존 제품의 불편을 개선하는 제품을 만들기로 하죠.

그런데 가만히 보면 다이슨의 제품은 모두 바람을 제어하는 제품이에요. 계속해서 더 강력하고 더 작고 더 조용한 모터를 개발하여 제품에 적용한 겁니다. 지포스 다음으로 만든 청소기는 먼지통이 투명하게 보이는 청소기였습니다. 먼지통이 꽉 찬 모습을 보고 비울 때를 알 수 있게 한 거죠. 지금은 웬만한 진공청소기의 먼지통이 모두 투명하지만, 처음에는 백화점에서 어떻게 이런 흉측한 상품을 진열할 수 있냐며 싫어했다고 합니다. 하지만 이 역시 대박이 났죠.

2010년대에 접어들자 다이슨은 무선청소기를 선보였습니다. 다이슨이 무선 청소기를 처음 개발한 것은 아니지만, 다이

다이슨

슨의 청소기는 유선 청소기만큼이나 흡입력이 강력했고, 유선 청소기 시장을 대체하게 되었습니다.

2009년에는 날개 없는 선풍기를 출시합니다. 처음 이 선풍기가 나왔을 때 바람은 나오는데 날개가 안 보여서 사람들은 조심스럽게 원통 안으로 손을 넣어보기도 했는데요. 사실 날개는 기계 바닥에 숨어있고, 원통의 가장자리 구멍을 통해서 바람이 나오는 겁니다. 그런데 가장자리를 확대해 보면 비행기 날개처럼 생겼는데요. 공기가 비행기 날개처럼 불룩한 형태를 지나가면 주변 공기를 더 많이, 더 빨리 끌어들이며 바람의 세기를 크게 만듭니다. 이 원리를 적용해서 날개 없는 선풍기를 만든 거죠.

바람을 제어하는 기술로 만든 제품은 또 있습니다. 바로 헤어 드라이어 '슈퍼소닉'. 2016년 처음 선보인 다이슨 헤어드라이어는 강력한 모터로 바람을 일으켜 머리를 빠르게 건조시키는데요. 열 제어 시스템으로 과도한 모발 손상을 방지한다고 합니다. 출시 가격이 무려 55만 원으로 기존 드라이기를 10개나 살 수 있는 가격이었어요. 그럼에도 불구하고 엄청나게 팔렸죠.

에어랩은 열을 쓰지 않고 공기의 흐름만으로 머리를 스타일링하는데요. 갖다 대기만 하면 헤어롤을 만 듯이 머리가 촤르르 감기는 이 기술은 '코안다 효과_{Coanda effect}'를 이용한 겁니다. 물체 표면 가까이에서 형성된 기류가 압력 차이로 인해 물체의 표면에 붙는 듯이 흐르는 현상이죠. 그 결과 마치 펌을 한 것 같은 자연스러운 컬을 주어 많은 여성들의 스타일링 필수품이 되었습니다.

　그밖에도 강력하게 손을 말려주는 다이슨 핸드 드라이어, 집안의 공기를 제어하는 공기청정기와 가습기도 만듭니다. 또, 팬데믹 기간에는 공기청정 기능이 있는 공기정화 헤드폰을 선보였습니다. 겉보기엔 투박한 헤드셋이지만, 마치 SF영화에 나올 것 같은 마스크가 튀어나와 공기를 정화하고, 깨끗한 산소를 공급해 주는 겁니다. 팬데믹이 종식될 즈음이라 그런지 판매는 잘 안됐지만, 참 다이슨다운 제품이죠.

싱가포르를 선택한 이유

2007년 제임스 다이슨은 엘리자베스 2세 여왕으로부터 기사 작위를 받았습니다. 사실 영국은 21세기에 접어들며 첨단 산업의 리더 자리를 미국에 내어주고, 두각을 나타내는 IT기업이 없었기 때문에 영국에서 다이슨의 위상은 매우 높았습니다. 영국의 에디슨으로 불릴 정도였죠. 제임스는 그의 자서전에서 여러 차례 영국이 다시 세계 경제를 리드할 수 있기를 희망했습니다.

　그러던 다이슨이 2019년, 싱가포르로 본사를 이전합니다.

다이슨

영국인들은 배신감을 느꼈죠. 게다가 본사를 이전한 시기는 영국이 브렉시트Brexit를 하기 직전이었는데요. 제임스는 평소에 브렉시트를 찬성해왔는데, 막상 브렉시트를 할 것 같으니 아시아로 이전한 것에 대해서 영국인들은 크게 실망했고 여론은 시끄러웠습니다.

아시아로 이전한 이유는 단순히 법인세율이 낮아서가 아니라, 매출이 절반 이상이 아시아 지역에서 나오고 있었기 때문으로 보입니다. 다이슨이 아시아에서 특히 사랑받는 이유는 거주 문화와 관련이 있습니다. 아시아의 많은 국가에는 신발 벗는 문화가 있죠. 한국과 일본, 태국, 말레이시아를 포함한 아시아 국가들도 그렇고 아랍문화권에서도 신발을 자주 벗습니다.

그 결과 다이슨은 2016년에 한국 무선 청소기 시장의 90%를 점유했는데요. 물론 현재는 한국 가전제품의 질이 높아졌고, 삼성 제트, LG 코드제로에 밀려 다이슨의 시장점유율은 10%까지 낮아졌습니다. 시장점유율을 급격히 잃은 까닭 중에 하나는 다이슨이 초반에 물걸레질을 빨리 지원하지 못했기 때문입니다. 한국은 오래전부터 청소기를 하고 손수 물걸레질도 해야 개운한 나라잖아요. 유럽이나 북미 감성으로는 쉽게 따라잡지 못해서일까요. 다이슨은 다소 늦은 2023년에야 물걸레질을 지원하기 시작합니다.

다이슨은 한국에서 시장 점유율이 하락했지만, 매출은 오히려 증가했습니다. 이는 제품 가격 인상 덕분입니다. 브랜드 가치가 높아지면서, 다이슨은 가격 결정력을 발휘할 수 있었던 거죠. 다이슨은 기존 백색가전과 달리 남자들이 더 갖고 싶어 합니다. IT유튜버가 다이슨 제품의 스펙을 비교하는 영상이 차고 넘치죠. 그 결과, 높은 가격에도 불구하고 여전히 혼수상품으로 인기가 높고, 비싸지만 갖고 싶은 프리미엄 가전의 이미지를 갖게 되었습니다.

세탁기에서 전기차까지, 실패장인

제임스가 영국 왕실 예술학교에서 디자인을 공부하던 당시 디자인 사조는 "형태는 기능을 따른다."였습니다. 19세기 후반과 20세기 초 건축과 산업 디자인 전반에 영향을 미친 디자인 철학이었죠. 이는 면도기로 유명한 브라운Braun의 디터 람스Dieter Rams 그리고 애플의 조너선 아이브Jonathan Ive로 이어집니다. 예쁘게 보이기 위한 장식 요소는 배제하고, 모든 디자인 요소가 기능에 기반을 두고 있죠. 때에 따라서는 기능도 과감하게 날려 버립니다.

　다이슨의 디자인 역시 마찬가지입니다. 해결해야 할 일상의 문제를 두고 가설을 세우고, 시제품을 만들어보고 피드백을 받아 개선하는 디자인 중심 사고를 바탕으로 하죠. 이런 과정

다이슨

의 무한 반복을 통해서 불필요한 기능이나 디자인을 없애고 꼭 필요한 핵심을 남겨놓는 겁니다.

그러다보니 다이슨은 자연스레 실패를 장려합니다. 제임스가 처음 청소기를 만들기 위해 5,127개의 시제품을 만든 것처럼 수많은 시도를 하고, 수정하고 개선하기를 원하죠. 실제로 다이슨에는 제품화됐지만 시장의 외면을 받고 사장된 제품도 많습니다. 일찍이 구글 글래스보다 먼저 웨어러블 디바이스를 시도하여 특허를 등록하기도 했고요. 세탁기는 실제로 출시했는데, 너무 비싸서 시장에서 사라지기도 했죠. 다이슨이 만든 세탁기라니, 어마어마하게 때가 잘 빠질 것 같죠?

게다가 최근에 커다란 투자에도 불구하고 철수한 제품이 있으니, 바로 전기차입니다. 2017년 4조 원을 투자하겠다고 선언하면서, 50%는 외형에, 50%는 배터리 기술에 투자하겠다고 밝혔는데요. 다이슨 디자인답게 미래적이고 유려한 외관을 직접 선보였고, 도로주행 모습도 볼 수 있었죠. 그러나 2019년 10월, 다이슨은 전기차 시장 진출을 포기합니다. 사업성을 검토한 결과 이윤 남길 수 없다고 판단한 것이죠.

하지만 여전히 다이슨은 도전을 멈추지 않습니다. 제임스 다이슨은 80세를 바라보는 나이에도 현역에서 뛰고 있습니다. 그것도 CEO가 아니라 엔지니어인데요. 문제를 찾아내고 제품을 개발하는 것이 너무 좋은 나머지 계속 제품을 개발하고 있는 겁니다.

또, 영업이익의 절반 이상을 R&D 비용으로 쓴다고 하니, IT 제조업계에서도 독보적인 수준입니다. 엔지니어와 디자이너도 딱히 구분되지 않습니다. 기능에 집중하다 보면 어느새 자연스러운 디자인이 창출된다고 믿는 거죠.

다이슨에 재직 중인 엔지니어의 평균 연령은 26세이며 2002년부터는 '제임스 다이슨 어워드'라는 국제 학생 디자인 어워드를 만들어 참신한 발명품을 선정하여 수상하고 있습니다. 우리나라에서도 따로 열리며, 한국에서 수상한 학생들은 세계 리그로 진출하게 되죠.

한편, 다이슨은 2022년 국제로봇학술대회에서 가정용 로봇의 일부 기술을 선보였는데요. 로봇 손이 인형이나 접시 같은 물체를 섬세하게 집어 올리고 3D로 소파를 인식해서 소파 밑이나 뒤 같은 틈을 청소하는 모습을 선보였습니다. 또, 2016년에 출시한 로봇 청소기부터 비전 시스템을 탑재했는데, 사람 눈처럼 360도로 물건을 바라보고 사람과 반려동물, 장애물을 학습해서 피할 수 있죠.

현재 다이슨의 주요 한계점은 제품의 종류가 제한적이라는 점입니다. 청소기 시장이 로봇청소기로 전환되고 있음에도 불구하고, 다이슨은 아직 경쟁력 있는 킬러 제품을 출시하지 못하고 있으며, 특히 중국 제조업체들에게 밀리고 있는 상황입니다. 이러한 요소들은 다이슨의 성장을 제한하는 주요 요인으로 지적되고 있습니다.

다이슨

하지만 저는 다이슨의 도전 정신에 기대를 걸어 봅니다. 다이슨은 그동안 계속해서 R&D 캠퍼스를 세우고 디자인 엔지니어를 양성해 왔습니다. 2년간 오히려 급여를 받으면서 과학기술을 배운다고 하는데요. 그뿐만 아니라 세계 각지에 있는 R&D센터에서 엔지니어들은 끊임없이 기술을 연구하고, 제품을 개발하고 실패하는 과정을 거듭하고 있습니다.

이 많은 사람 중에 5년간 연구를 거듭해 싸이클론 청소기 같은 제품을 선보일 사람이 나오면 어떨까요? 조금 더 좋은 제품이 아니라 기존의 방식을 혁신적으로 바꾸는 카테고리 개척자가 몇 년마다 한두 개씩만 나와준다면? 그러한 면에서 다이슨의 정신과 집착을 높이 평가합니다. 제품 그 자체로 승부하겠다는 자부심과 고집도 말입니다.

룰루레몬 Lululemon

레깅스 전성시대를 연 투박한 남자

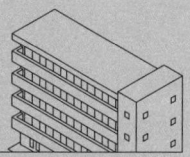

1998년 캐나다에서 시작된 브랜드. 여성을 위한 운동복이 없던 시절 레깅스를 만들어 일상 속에서 유행시켰다. 핵심 고객의 라이프스타일을 정의하고 브랜드 철학을 담은 매니페스토를 선포하며 고객과 가치를 공유했다. 함께 떼요가를 하는 모습은 룰루레몬의 시그니처가 되었다.

룰루레몬의 본고장 캐나다에서 매장에 직접 들러본 적이 있습니다. 매장은 여성 손님들로 넘쳤는데 벽면을 따라 사람 키보다 높은 곳에 레깅스를 입은 마네킹이 30~40개는 족히 서 있었습니다. 그 아래 매대에는 사이즈별, 컬러별로 차곡차곡 접힌 레깅스가 쌓여 있었죠. 사람들은 마네킹이 입은 디자인을 보고 아래 매대에서 제품을 고를 수 있었는데, 펼쳐보고 그냥 내버려 두기도 하였고 한번에 여러 벌씩 바구니에 담아 가는 모습은 흡사 시장통 같았습니다.

   저는 레깅스의 종류가 그렇게나 많을 수 있다는 사실에 놀랐고 가격에 또 한 번 놀랐는데요. 한국에서 보통 4~5만 원대인 레깅스가 서너 배는 비싼 값에 팔리고 있었습니다. 하지만 제가 방문한 캘거리 매장이 룰루레몬의 (정확히는 칩 윌슨 사업의) 시초였다는 것을 알았다면 한 벌은 사 올 걸 그랬습니다.

당시 매장에는 룰루레몬이 인수한 IT제품 '미러Mirror'가 걸려있었습니다. 미러는 원격으로 PT를 받을 수 있는 스마트 거울입니다. 거울을 보며 주어진 헬스 콘텐츠를 따라 하면 거울 뒤에 있는 카메라가 트레이너에게 내 모습을 전송하고, 코치는 자세에 대한 조언을 들려줍니다. 신기해서 이것저것 눌러보고 있는데 어디선가 직원이 나타났습니다. 룰루레몬에선 직원을 '에듀케이터', 고객을 '게스트'라고 부릅니다. 그런데 이 에듀케이터, 얼마나 열정적이었는지 저와 일행들은 꼼짝없이 15분간 이 거울에 관해 설명을 들어야 했죠.

ENFP만 모여 있다는 LUSH 직원들 못지않게 룰루레몬의 직원들도 열정이 넘칩니다. 훗날 칩 윌슨의 자서전 《룰루레몬 스토리》를 읽으면서 어째서 그녀가 그렇게 열정이 넘쳤는지, 단지 그녀의 개성이 아닌 룰루레몬의 문화였다는 것을 이해할 수 있었죠.

사업 1회차, 웨스트비치

칩 윌슨은 1955년 캘리포니아에서 태어났고, 다섯 살이 되던 해에 아버지의 고향인 캐나다 앨버타주 캘거리로 오게 되었습니다. 아버지는 체육교사였고 칩은 수영선수였지만 고등학교 때 이미 190cm에 100kg의 거구였기 때문에 프로 수영선수가 되기 불리한 채형이었습니다. 하는 수 없이 칩은 캘거리 대학교에서 경제학으로 학사를 마치고, 보험회사에 취직했습니다.

한편, 칩은 외할머니와 외할아버지가 사는 캘리포니아를 매년 방문했습니다. 캘리포니아는 당연히 캐나다보다 유행이 빨랐는데, 어느 해에는 밝고 대담한 서핑용 쇼츠(운동용 반바지)가 눈에 띄었죠. 무채색에 패턴도 없던 캐나다 제품과는 달리 밝고 화려한 패턴이거나 랩 스커트 모양의 여성 쇼츠도 있었습니다. 여자친구에게 사다 주니 아주 맘에 들어 했죠.

칩은 쇼츠를 직접 만들어보기로 했습니다. 캘거리 시내에서 제품을 만들 수 있는 사람을 찾아 소량 수공예로 제작했고, 캘거리 시내의 가판대에서 팔기 시작했습니다. 칩의 쇼츠는 내놓는 족족 완판되었습니다. 칩은 회사를 다니면서 사이드잡으로 이를 병행했고, 매년 여름이 오면 제품을 준비해 시내에서 팔았습니다. 다음 해에 가판은 두 군데로 늘어났고, 3년째가 되던 해에는 회사를 그만두고 매장을 내게 되었죠. 바로, 1982년 '웨스트 비치 West Beach'의 시작이었습니다.

칩은 수영선수를 했을 때의 경험과 캘리포니아의 스타일을 살려 몇 종의 베스트셀러 쇼츠를 개발합니다. 스트리트 패션과는 달리 정말로 전문 서퍼들의 스타일로 만들었는데, 이것이 젊은이들에게 통했습니다. 한번은 퀵 실버의 호주 재고를

1달러에 들여와 밑단 디자인을 수정해서 45달러에 판매했는데, 일주일 만에 1,000벌이 소진되었죠. 또 움직임이 불편하지 않으면서 기장도 길고 품도 넉넉하게 개발한 '바비큐 쇼츠'도 매우 인기를 끌었습니다.

언제부턴가 12~16세 소년들이 매장으로 찾아와 '바비큐 쇼츠'를 찾기 시작합니다. 1980년대 중반부터 스케이트보드가 크게 유행하기 시작했는데, 알고 보니 이 쇼츠가 스케이트보드를 타기에 좋다고 소문이 난 거죠. 칩은 이를 놓치지 않고 스케이트보드와 관련된 제품의 구색을 갖춥니다. 또, 매장을 소년들의 취향에 맞게 꾸미고 뒤뜰에 스케이트보드를 타기 위한 경사로를 조성합니다. 덕분에 매출은 늘어났죠.

칩은 다음 유행은 스노우보드일 거라고 생각합니다. 칩의 집에서 가까운 밴프 국립공원에는 헬기를 타고 산꼭대기에서 스노우보드로 활강할 수 있는 코스들이 있었습니다. 그 덕에 칩은 일찍부터 스노우보드를 탔죠. 게다가 동생은 미국 콜로라도주에서 스노우보드 의류회사를 하고 있었기 때문에 트렌드를 미리 읽을 수 있었습니다. 캐나다에서는 대부분의 사람이 스키를 타고 있었지만, 칩은 스노우보드 시장이 열릴 거라고 직감했습니다.

이윽고 회사의 이름을 '웨스트비치 서프Westbeach Surf'에서 '웨스트비치 스노우보드Westbeach Snowboard'로 변경하고, 관련 제품을 만들기 시작했습니다. 그 결과 매출은 3배나 늘어났습니다. 봄, 여름에는 서핑과 스케이트보드 제품을, 비수기인 가을, 겨울에는 스노우보드 제품을 팔게 된 것이죠.

매출은 계속 늘었고 직원들도 늘었으며, 2명의 동업자도 추가로 생겼습니다. 하지만 겉으로 승승장구하는 것처럼 보여도, 여전히 제품의 원가와 고정비용을 제하고 나면 재무적으로 넉넉한 상황은 아니었는데요. 특히 의류 분야에선 단일 제품을 몇 천 벌씩 팔아야 규모의 경제 효과로 단가가 줄어드는데, 직영 매장의 판매에는 한계가 있었죠.

결국, 다른 스포츠 브랜드처럼 도매에 의존하고 캐나다 전역으로 확장하기로 합니다. 하지만 홀세일Wholesale은 현금 흐름이 몇 개월 동안 지연되기 일쑤였고, 세일과 같은 가격 경쟁도 피할 수 없었죠. 매번 신용한도를 넘기기 직전까지 채무에 의존하면서 사업을 이어나갔습니다.

회사는 재무적으로는 좋지 않았지만 스노우보드 브랜드로서는 확고한 입지가 있었습니다. 특히 당시 매출의 30%는 일본 스노우보드 시장에서 나왔습니다. 일본은 스노우보드 문화가 상당히 발달했고, 급격한 경제성장으로 수입 여력도 좋았기 때문이죠. 회사 이름에 스노우보드를 넣은 것도 한몫했습니다. 덕분에 칩과 동업자들은 1997년 회사를 세운 지 15년 만에 회사를 매각할 수 있었습니다.

사업 2회차, 룰루레몬 애슬래티카

칩은 일찍이 마흔에는 은퇴하겠다는 계획을 세웠는데, 회사를 매각한 그의 나이는 마흔두 살이었습니다. 하지만 그가 일 중독으로 사업에만 매진하고 있는 바람에 아내와는 이혼을 해야 했고, 매각한 돈은 밴쿠버에서 아들 둘을 키우기에 많지는 않았습니다. 다만 그는 매각한 돈으로 얼마간 자신이 좋아하던 운동을 즐기며 조금 쉬어가기로 했죠. 칩은 여러 운동 중에서도 요가에 흠뻑 빠지게 됩니다.

칩은 또다시 요가의 유행을 예감합니다. 하지만 때는 1998년. 사람들은 요가수련장이 아니라 헬스장의 한쪽에 있는 GX룸에서 요가를 배웠고, 보통 헐렁한 면티에 면바지를 입고 운동을 하곤 했습니다. 운동선수였던 칩은 운동복이 땀을 흡수하고 탈취 작용을 하는 것이 얼마나 중요한지 알았죠.

그는 요가 선생님에게 현재 요가복에서 불편한 점이 무엇인지, 어떤 기능을 필요로 하는지 집요하게 물었습니다. 요가복은 속이 비치지 않고 원단에 신축성이 있으면서도 땀을 잘 흡수해야 했고, 바느질과 솔기로 살이 쓸리지 않아야 했죠. 하지만 전용 요가복 자체가 드물었고, 그나마 있는 것도 품질이 안 좋았습니다. 칩은 요가복을 직접 만들기로 했습니다.

칩은 또 한 가지 중요한 변화를 알아차렸는데요. 당시에는 나이키나 아디다스, 푸마와 같은 선도적인 스포츠 브랜드조차 여성복을 만들지 않았습니다. 하지만 여성들은 서서히 서핑이나 요가 등의 운동에 참여하기 시작하고 있었죠. 딱히 여성을 위한 운동복이 없어, 여성들은 사이즈가 작은 남성복이나 세탁으로 줄어든 남편 옷을 입곤 했습니다. 칩은 스케이트보드와 스노우보드 때처럼 비롯한 여성 스포츠 시장이 열릴 거라는 사실을 확신하고, 두 번째 사업을 시작하기로 결심합니다.

칩은 웨스트비치를 창업할 때 보다 훨씬 신중하고 주도면밀하게 움직입니다. 첫 번째 사업에서의 실패했던 부분을 답습하고 싶지 않았고, 유익한 경험을 가져오려 했죠. 그중 한 가지 경험은 일본의 스포츠 시장이 풍부하다는 것이었는데요. 칩은 새로 시작하는 브랜드가 일본 사람들에게 잘 나가는 북미 브랜드로 보이고 싶었습니다. 특히 일본 사람들이 L 발음을 힘들어한다는 것을 알고 최대한 L을 많이 넣은 이름을 만들게 되는데요. 그게 바로, 룰루레몬 애슬래티카 Lululemon Athletica였죠.

룰루레몬은 나일론과 라이크라를 혼합한 '루온'이라는 소재를 개발했습니다. 가볍고 부드러우면서도 엄청난 신축성을 가진 소재였죠. 또 룰루레몬의 레깅스는 생식기 라인이 부각되지 않아 일상에서도 입을 수 있었습니다.

한편, 칩은 운동을 즐기는 소비자들은 로고가 크게 박힌 티셔츠를 찾지 않는다고 생각했습니다. 룰루레몬은 처음에 1인치 로고를 인쇄했지만, 이내 0.5인치로 줄여서 등에 붙였습니다. 로고도 흰색이라 한 번에 눈에 띄진 않지만, 햇빛에 반사되도록 디자인했죠. 기존 요가복보다 3배나 비쌌지만, 신축성 있고 몸매를 예쁘게 보여주는 이 요가복은 머지않아 요가복계의 샤넬로 불리기 시작합니다.

칩은 밴쿠버의 해변 마을인 키칠라노에 매장을 내기로 합니다. 서핑으로 유명한 아름다운 곳이었습니다. 하지만 넉넉한 자금이 없었기에 뒷골목의 2층 상가를 찾아냈죠. 바다를 끼고 있으면서도 창문 밖으로는 산이 보이는 멋진 곳이었습니다. 이 공간은 사무실이자 물류창고이자 쇼룸이었죠. 하지만 여전히 2층으로 선뜻 올라오는 사람은 많지 않았습니다. 칩은 사람들이 직접 찾아오도록 아이디어를 내야 했죠. 그래서 아침저녁으로 요가 클래스를 열고 요가 선생님을 초빙했습니다. 그렇게 룰루레몬이 시작되었습니다.

열성적인 커뮤니티와 팬덤

이미 북미에서는 대학 졸업생의 60%가 여성이었습니다. 칩은 여성들의 교육 수준이 높아지면서 출산율이 낮아지고, 첫 아이도 늦게 낳을 거라고 생각했습니다. 칩은 이들을 '슈퍼걸'로 정의했는데요. 더 구체적으로는 '24세 이상 35세 이하의 미혼이거나 아이가 없으며 건강과 운동에 관심이 많은 전문직 여성'이었죠. 룰루레몬의 초기 모든 전략은 바로 이 슈퍼걸이라는 페르소나에서 출발합니다. 게다가 캐나다의 종교는 쇠퇴하는 중이었고, 일요일 아침 사람들은 교회 대신 운동 수업에 참여하고 커피를 마시며 사교활동을 즐겼습니다.

고객이 슈퍼걸인만큼 매장에서 이를 응대하는 사람들도 슈퍼걸이어야 했죠. 칩은 4년제 이상의 대학을 나오고 자기 일에 열정이 있는 여성을 고용했습니다. 또한 다른 숍에 있는 판매직원들보다 높은 임금을 지불했습니다. 때로는 높은 임금 대신 지분을 제안하기도 했습니다. 하지만 대부분 거절했고 5명만이 이를 수락했는데 이때 지분을 1%씩 받은 이들은 지금 모두 백만장자가 되었다고 합니다. 탁월하고 독립심 많은 슈퍼걸들은 조직문화를 잘 이해하고 교육을 받는 데도 적극적이었으며, 이는 열정적인 응대로 이어졌습니다.

룰루레몬과 직원들 그리고 고객은 요가라는 같은 취미를 공유했습니다. 함께 요가를 수련하고, 다양한 스포츠 클럽에서 활동하면서 요가를 좋아하는 사람들을 만날 수 있었죠. 요가 선생님과 고객들이 수업 후 차를 한잔하면서 불편한 점을 쏟아내면 룰루레몬은 바로 제품에 반영해서 선보였습니다. 특히 요가와 명상에 큰 뜻을 가진 강사들과 파트너십을 형성할 수 있었죠.

칩은 머지않아 매장 내에 요가수련장을 더 이상 운영하지 않기로 합니다. 최고의 파트너들과 요가 수업을 두고 경쟁할 수는 없었죠. 그래서 지역사회의 요가 선생님들을 앰버서더로 부르기 시작합니다. 룰루레몬은 비용을 투자해서 요가 강사들의 멋진 사진을 찍어주었고, 지역 신문에 요가 클래스를 홍보해주었죠. 그저 사진 한 귀퉁이에 작게 룰루레몬 로고를 넣었습니다. 이를 통해 지역사회의 운동 강사들은 자연스레 룰루레몬의 앰버서더가 되었죠.

룰루레몬은 매장을 늘려나갔습니다. 비교적 저렴한 공간을 임대하고 요가를 좋아하는 지역사회 커뮤니티를 활용했습니다. 요가수련장과 관계를 맺고 입소문을 통해 고객층을 확보하는 이 방식은 룰루레몬 특유의 마케팅 방식이 되었죠.

룰루레몬이 글로벌 규모로 커졌을 때도 그들은 이 방식을 고수했는데요. 도시의 랜드마크가 되는 곳에서 수십, 수백 명이 함께 요가 자세를 하는 것은 룰루레몬의 시그니처가 되었죠. 중국에서는 만리장성, 자금성 앞에서 수십 명이 요가를 하는 모습을 연출했고 한국에서는 새빛둥둥섬, 난지공원, 코엑스 등에서 '떼요가'를 펼칩니다. 사람들이 다니는 공공장소에서 레깅스를 입고 요가를 하는 모습은 생경한 자극이 되었죠.

룰루레몬의 사이트에는 여전히 해당 지역의 요가, 명상 등 최고의 전문가들을 앰버서더로 리스트업하고, 이들과 함께 클래스를 열면서 고객과 소통하고 있습니다. 이러한 활동을 통해 룰루레몬은 고객들을 팬으로 만들어 온 것이죠.

룰루레몬

고객과 직접, Direct to Customer

첫 번째 사업에서 홀세일로 인해 현금 흐름의 어려움을 지속적으로 겪었던 칩은 도매를 모두 포기하고 직영으로만 사업을 하기로 결심합니다. 지금은 많은 패션 브랜드가 D2C~Direct to Customer~ 즉, 유통을 끼지 않고 고객에게 직접 판매하는 전략을 취하고 있지만 2000년경에 직접 판매는 제조업체에 위험한 선택이었죠. 매장을 늘리지 않으면 매출을 확장할 수가 없었기 때문입니다. 나이키조차도 당시 직영 매출의 비율은 15%에 불과했죠. 백화점, 편집샵, 아울렛, 아마존과 같은 이커머스 등 유통 과정을 거치게 되면 30~50%의 판매수수료가 발생합니다. 그럼에도 불구하고, 큰 자본을 들여 전국에 매장을 내지 않는 이상 홀세일를 통한 유통은 불가피했죠.

하지만 시간이 흐를수록 환경은 직영판매에 유리해졌습니다. 인스타그램을 비롯한 SNS를 통해서 팬덤을 확보할 수 있었죠. 룰루레몬은 운동하는 실루엣을 아름답게 드러내 주었기에, 사람들은 자연스럽게 룰루레몬을 입고 운동하는 모습을 포스팅했습니다. 또 온라인 커머스와 배송환경이 탁월해졌죠. 이제 아마존을 거치지 않고도 자사 사이트의 접근성을 높이고 배송도 할 수 있었죠. 룰루레몬은 2009년부터 이커머스로 판매를 시작했고, 판매를 하자마자 뜨거운 반응을 보였습니다.

한편, 나이키는 2017년에야 D2C 전략을 선언합니다. 2019년에는 아마존에서 철수하겠다고 선언하고, 아마존에서 제품을 뺐는데요. 당시 큰 화제가 되었죠. 이미 상당 부분 유통망에 의존하고 있던 나이키는 이를 보완할 새로운 전략이 필요했습니다. 그래서 나이키는 한정판 제품을 내놓기 시작합니다. 희소한 제품을 선보여 반드시 나이키 채널에 들어오도록 한 것이죠.

오늘날 주목받는 신제품은 대부분 한정수량으로 발매하며, 나이키 공식 홈페이지에서 응모하고 추첨을 통해 구매할 수 있습니다. 운 좋게 추첨에 당첨이 됐다고 하더라도, 매장 앞에는 번호표를 든 긴 행렬이 이어집니다. 이러한 D2C 전략의 부작용으로 리셀시장이 탄생했습니다. 30만 원에 산 신발은 1,500만 원까지 가격이 치솟기도 하고, '크림Kream'과 같이 정품 여부를 확인하고 리세일을 도와주는 플랫폼도 등장했죠. 2022년 기준으로 한국에는 1조 원의 리셀시장이 형성됐습니다.

한편, 룰루레몬에는 자체 생산 공장이 없습니다. 엄밀히 말해서 의류 제조회사가 아닌, 브랜드 회사죠. 룰루레몬은 원단 공급 회사 57개, 제품 생산 회사 30여 개와 협력하여 상품을 제작합니다. 노스페이스를 유통하는 한국의 영원무역 역시 룰루레몬의 주요한 OEM 파트너 중 하나로 룰루레몬의 주가가 오르면서 함께 주가가 오르기도 합니다.

룰루레몬

칩 윌슨이 떠난 룰루레몬

칩은 룰루레몬 초기 디자이너로 들어온 슈퍼걸 섀넌과 재혼합니다. 섀넌은 칩의 아들 둘을 키우는 동시에 새로운 아이를 가졌죠. 칩은 가족과 더 많은 시간을 보내고자 2005년, '어드벤트 인터내셔널Advent International'이라는 사모 펀드에 48%의 지분을 판매하고 경영에서 한발 물러납니다. 리복에서 임원을 역임한 밥 미어스가 CEO를 맡았죠.

한편, 2007년 룰루레몬은 미국 기업으로 바꾸고 주식시장에 상장합니다. 뉴욕 맨해튼에 첫 매장을 냈지만, 높은 임차료를 감안해 여전히 작은 매장에 커뮤니티 방식으로 문제를 풀어갔죠.

칩에 따르면, 이때부터 위기가 거듭됩니다. 다른 한편으로는 이사진과 새로운 경영진 그리고 여전히 디자인실에 책상을 놓고 출근하는 칩 윌슨 사이에 일어난 크고 작은 갈등이었습니다. 밥 미어스는 이사진과의 갈등으로 상장 직후 불미스럽게 회사를 떠납니다.

그리고 같은 해, 스타벅스에서 아시아·태평양 담당 CEO를 맡았던 여성 임원 크리스틴 데이Christine Day가 새로운 CEO를 맡는데요. 데이는 4년 만에 캐나다뿐만 아니라 미국, 호주, 홍콩 등으로 진출하며 매장 수를 71개에서 174개로 2.5배 늘렸습니다. 매출도 세 배, 주가도 세배가 뛰었죠. 〈포춘Fortune〉은 룰루레몬을 '2020년 가장 빨리 성장한 100대 기업' 13위에 올렸습니다.

하지만 크리스틴 데이는 점점 더 칩 윌슨과의 갈등을 겪습니다. 데이는 칩이 만든 브랜드 매니페스토를 없애고, 디자이너들 사이에 자리 잡고 있는 칩 윌슨의 책상을 다른 곳으로 옮기기를 원했죠. 창업자와 CEO가 동시에 조직을 지휘할 수는 없었습니다. 두 사람의 갈등의 골이 깊어지던 중, 2013년 사건이 터집니다. 신상품 레깅스가 운동을 할 때 심하게 비치면서 대규모 리콜 사태가 벌어진 것이죠. 이 일을 빌미로 크리스틴 데이는 자리에서 물러납니다.

한편, 그해 칩도 구설에 휘말립니다. 블룸버그의 비즈니스 논평 프로그램 〈스트리트 스마트Street Smart〉에 출연한 칩은 인터뷰 도중 룰루레몬 레깅스는 뚱뚱한 여성들에게는 적합하지 않다는 발언을 하는데요. 칩은 일주일 뒤 사과했지만, 대중들은 분노했죠. 칩은 결국 2013년 회장직에서 사임하고 2015년에는 이사회에서도 쫓겨납니다. 이후 칩은 룰루레몬에서 완전히 손을 떼고, 아이와 아내와 함께 새로운 의류 브랜드 '키트 앤 에이스Kit & Ace'라는 패션 브랜드를 만들었으나, 룰루레몬 같은 큰 성공을 거두지는 못하고 캐나다의 한 패션 브랜드 회사에 매각했습니다.

룰루레몬

슈퍼걸을 넘어서

2018년 룰루레몬에 새로운 CEO로 캘빈 맥도널드Calvin MacDonald가 부임했습니다. 캘빈은 매년 3회씩 철인 3종 경기에 출전할 만큼 운동을 좋아하는 데다 사업 추진력도 강한 사람이었죠. 그는 5년 내 매출을 두 배로 늘리겠다고 공표했으나, 단 3년 만에 2배를 훌쩍 넘는 실적을 달성합니다.

맥도널드의 전략은 확장이었습니다. '슈퍼걸'로 대표되는 전문직 여성에 한정되었던 기존 타깃을 철회하고 대중적 브랜드로 리포지셔닝했죠. 빅사이즈 운동복도 출시했고, 남성 라인을 14%에서 21%까지 늘렸습니다. 또 온라인의 비중을 40%까지 늘렸고, 해외에 적극적으로 진출했습니다. 스킨케어, 골프웨어 등으로 제품도 다각화합니다.

결정적으로 운동화 시장에 진출하는데요. 사실 이곳은 나이키의 전장이죠. 나이키도 룰루레몬을 굉장히 의식했는지 룰루레몬의 운동화가 나이키의 특허 4개를 침해했다고 소송에 들어가기도 했습니다. 게다가 나이키가 룰루레몬을 고소한 건 처음이 아니었죠.

2019년 룰루레몬은 6,000억 원을 들여 스타트업 '미러'를 인수했습니다. 미러는 카메라와 스피커를 통해 개인별 코칭을 받을 수 있는 스마트 거울인데, 마찬가지로 나이키는 자신들의 특허를 침해했다며 룰루레몬을 고소한 것입니다.

한동안 팬데믹으로 인해 홈 트레이닝이 인기를 끌었습니다. 하지만 팬데믹 이후 사람들은 오프라인으로 복귀해서 운동을 즐겼죠. 미러는 룰루레몬에 이득을 안겨다 주지 못했고, 룰루레몬은 미러의 생산을 중단하기로 합니다. 다만, 룰루레몬은 미러를 계기로 콘텐츠 구독 모델에 집중하고 있는데요. 애플이나 넷플릭스처럼 콘텐츠를 통한 부가적이고 정기적인 수입원을 창출하는 것입니다.

현재 룰루레몬의 앱을 다운받고 매달 12.99달러짜리 멤버십에 가입하면 1만 개가 넘는 운동 콘텐츠와 함께 룰루레몬의 구매 혜택을 누릴 수 있습니다. 무료버전 멤버십도 있는데, 그 회원이 900만 명이나 되죠. 구독모델은 팬덤이 있어야 가능하고 또 팬덤을 강화할 수 있는데요. 룰루레몬에 충분한 팬덤이 있는 만큼 구독모델은 룰루레몬의 주요 파이프라인이 될 것으로 보입니다.

브랜드가 교회오빠를 대신할 수 있을까?

칩 윌슨은 첫 번째 사업의 말미에 '랜드마크 포럼'이라는 자기계발 세미나에 심취하게 됩니다. 그동안 사업에 몰두해서 돌아보지 못했던 가족 관계와 비전 등 새로운 가치에 눈을 뜨고 두 번째 사업은 철저히 이러한 토대 위에 쌓아 올렸죠.

룰루레몬

우리의 고객은 누구인지 설정하고, 고객이 아닌 사람들은 과감하게 포기합니다. 이를테면 매장에서 흡연을 하거나, 과한 것을 요구하는 진상 고객은 과감하게 내보냅니다. 또 우리가 누구인지 명확히 하고 고객들과의 관계를 어떻게 해야 할지 정의했습니다. 룰루레몬이 지향하는 가치와 비전에 어울리지 않는 사람은 떠나보냈습니다.

칩 윌슨의 룰루레몬은 신흥 종교 같기도 했는데요. 초기 십여 년간, 직영 매장을 서서히 늘림으로써 룰루레몬의 지향점이 훼손되지 않도록 단단한 토대를 다졌죠.

그런 면에서 칩이 회사를 너무 일찍 떠난 것은 아닌가 하는 아쉬움이 듭니다. 하지만 칩이 회사를 떠난 뒤에도 룰루레몬은 놀랍도록 같은 기조를 유지하며 성장했습니다. 때론 칩 윌슨이 만든 룰루레몬의 정신은 칩 윌슨보다 다른 CEO, 크리스틴 데이나 캘빈 맥도널드에 의해 더 잘 구현된 것도 같은데요. 물론 지금은 새로운 인디 브랜드들이 등장하여 룰루레몬의 자리를 위협하고 있지만, 팬들의 충성도는 쉽게 사그라지지 않을 것으로 보입니다.

저는 뉴노멀 시대에 브랜드 가치가 높은 기업들의 공통점이 여기에 있다고 봅니다. 깊은 팬덤을 넘어 종교에 가까운 믿음과 철학으로 뭉친 집단. 룰루레몬은 건강한 몸과 마음을 추구하는 가치 집단으로 자리 잡았습니다. 초기의 가치를 유지하면서 문화를 이끌어갈 룰루레몬의 모습을 기대해 봅니다.

에어비엔비 airbnb

낯선 사람 집에서
안심하고 자게 하기

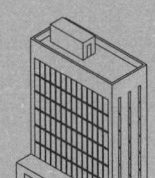

2008년 미국에서 시작된 글로벌 숙박 공유 플랫폼이다. '낯선 사람을 우리 집에 재워주고 돈을 받을까?'라는 아이디어로 시작했다. 낯선 집에서 자는 게 위험하다는 고정관념을 깨고 신뢰를 디자인함으로써, 숙박문화를 대대적으로 변화시켰다. 객실 하나 없이, 호텔 업계 1위인 메리어트의 시가총액을 뛰어넘었다.

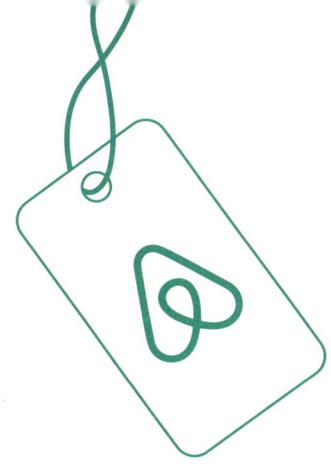

저는 에어비앤비로 여행 다니는 걸 참 좋아합니다. 해외도 그렇고 국내에서도 가급적 에어비앤비에 묵습니다. 각기 다른 호스트의 취향을 엿보고 남의 집에 살아보는 경험이 굉장히 매력적이기 때문입니다.

가장 인상 깊었던 숙소는 스페인 세비야의 구도심에 있는 아주 오래된 집이었습니다. 호스트는 그 집에서 나고 자란 노부인이었는데 그 집은 몇 대째 내려오고 있다고 했습니다. 집에는 중정이 있고, 세월이 묻은 가구와 소품이 그대로 남아 있었습니다. 낡았지만 화려한 세월이 묻어 있었죠.

호스트는 아침이면 100% 오렌지 주스를 착즙하고 정성스레 구운 빵을 준비한 뒤 중정을 통해 2, 3층 방에 있는 게스트들을 불렀습니다. 마치 100년 전 이 집에 살았던 귀족의 딸이 된 것 같은 기분이 들었죠. 그런가 하면, 스페인 지중해의 바닷가 마을 네르하에서는 한국 손님을 많이 받는 스페인인 주인이 직접 담은 김치를 한 병 주셨는데요. 유튜브를 보고 만든 거라고 하더군요. 한국에서 흔히 먹을 수 있는 김치와는 맛이 많이 달랐지만, 그래도 한 달만에 먹는 김치라 굉장히 반가웠던 기억이 있습니다.

국내에도 '인스타그램용' 예쁜 숙소가 많아지고 있지만, 저는 호스트의 취향이 느껴지는 정갈한 곳이 좋습니다. 춘천에 있는 '아로마 하우스'는 그야말로 아담한 가정집이었는데, 편백나무 찜질기에 몸을 지질 수 있었고 집안 곳곳에 비치된 아로마 가습기가 하루의 피로를 싹 날려주었습니다. 주인은 차와 간식을 정성껏 준비해놓으셨고, 마당에는 미니 캠핑을 할 수 있는 텐트와 난로도 갖춰져 있었죠.

이런 여행의 경험은 나와 여행지를 연결해줍니다. 천편일률적인 여행이 아니라 현지에서 생활을 하고 있는 분들의 보물창고를 열어보는 경험이죠. 여행의 판도를 뒤집은 이 사업, 대체 어떻게 가능했을까요?

에어비엔비

누가 남의 집에서 자겠어?

브라이언 체스키Brian Chesky와 조 게비아Joe Gebbia는 미국의 손꼽히는 미대인 로드 아일랜드 디자인스쿨Rhode Island School of Design을 졸업합니다. 졸업 후 샌프란시스코에서 룸메이트로 같이 살게 되는데요. 둘 다 눈이 높아서 직장을 못 구하는 한량으로 지내고 있었어요. 그러다 주인이 월세를 올려달라고 말하자, 백수였던 이들은 샌프란시스코에서 열리는 산업 디자인 컨퍼런스 기간에 자기들 집을 빌려주어 월세를 충당하기로 합니다.

별도의 방이 있었던 것은 아닙니다. 공기를 넣어서 쓰는 매트리스인 에어배드Airbed를 거실에 깔아 주었고, 간단한 아침 식사Breakfast를 만들어주기로 한 거죠. 신기하게도 게시물을 본 세 명의 디자이너가 각기 다른 곳에서 날아왔고, 브라이언과 조와 함께 숙식하면서 컨퍼런스도 보고 샌프란시스코도 구경했습니다. 그들이 돌아가자 조 게비아는 이렇게 말합니다.

"방금 우리 친구도 사귀고 월세도 벌 방법을 찾은 거야?"

두 사람은 이걸 본격적으로 서비스로 만들기로 합니다. 디자이너가 둘이니, 아무래도 개발자가 필요했겠죠? 이때 체스키의 전 룸메이트였던 네이선 블레차르지크Nathan Blecharczyk가 합류합니다. 하버드를 졸업한 우수한 개발자였죠. 2008년 8월 11일 Airbedandbreakfast.com이라는 사이트를 오픈하면서 에어비앤비는 시작됩니다. 블레차르지크는 24시간 내내 문제없이 잘 돌아가고, 누구나 이용하기 쉬우며, 숙소 리스트가 멋지게 보이는 서비스를 만들어냅니다. 마우스를 세 번만 누르면 예약을 완료할 수 있을 정도로 사용도 간편했죠.

하지만, 사업 초기 남의 집에서 하룻밤을 묵는다는 이들의 아이템에 투자할 사람은 쉽게 나타나지 않았습니다. 사업아이템도 불가능해 보였을 뿐더러 당시만 해도 벤처업계에서 디자이너 출신의 창업자는 거의 없었기 때문입니다. 자금이 없었던 이들은 신용카드를 여러 개 돌려막느라 신용카드 바인더를 써야 했고요. 몇 달간 시리얼만 먹으며 버텼죠.

시리얼을 먹던 그들은 자금을 벌어보고자 선거를 앞둔 맥케인과 버락 오바마의 굿즈를 제작해서 팔기도 합니다. 마트에서 시리얼을 대량 구매한 다음에 맥 케인과 오바마의 캐릭터를 넣은 시리얼박스를 만들어 판매한 거죠. 아직도 에어비앤비 본사에 가면 이 시절을 잊지 않기 위해 이를 큰 박스 모형으로 제작해서 세워뒀다고 해요.

사실 이들도 벤처업계에 정보가 없었기 때문에, 엔젤 투자자를 소개해준다는 말에 '요즘도 천사를 믿는 사람이 있나?' 하고 생각할 정도로 스타트업 업계에 무지했습니다. 그런데 다행히 이들은 초기 투자가로 유명한 'Y콤비네이터'에서 초기투자와 엑셀러레이팅을 받게 됩니다. Y콤비네이터의 창립자인 폴 그레이엄은 항상 '확장할 수 없는 일을 하라 Do things that don't scale'라고 말하는데요. 아주 사소하고 작은 시장부터 공략하여 진짜 팬을 만들라는 의미죠.

Y콤비네이터의 조언을 받은 에어비앤비는 실제로 그렇게 했습니다. 뉴욕 집집마다 찾아가 자신의 서비스를 사용할 초기 유저를 찾았고, 집을 어떻게 하면 잘 올릴 수 있을지 같이 고민했죠. 프로 사진가를 보내 사진을 찍어주거나, 상세페이지를 함께 짜기도 했습니다. 이들은 항상 다른 지역을 오가며 사용자들을 만났기 때문에 늘 캐리어를 끌고 다녔죠.

초기에 뉴욕 지역에만 집중한 이들은 재이용율을 40%까지 만들어냅니다. 메리어트 호텔보다 높은 지표였죠. 그렇게 한 지역에 집중해서 작동하는 방식을 찾으면 다른 지역으로 확장하는 방식을 반복했습니다. 그 결과, 2008년 한 해 동안 400건이었던 예약은 2018년 2분마다 400건으로 급성장합니다. 런던, 파리, 밀라노, 바르셀로나, 모스크바, 상파울루, 서울, 베이징, 도쿄 등에 지사를 차례대로 설립했고, 2009년에는 예약의 59%가 미국에서 발생했으나 2017년 이후에는 미국은 전체의 29%로 줄어듭니다.

그 결과, 2015년 기준 매출액이 힐튼 호텔을 넘어 섭니다. 많은 사용자가 호텔 대신 에어비앤비를 이용함에 따라 전통적인 숙박업소는 위기에 처할 정도였죠. 호텔컨설팅기업인 HVS는 2016년 뉴욕에 있는 호텔들이 에어비앤비로 입은 피해는 연간 4,500만 달러에 이른다고 보고했습니다.

신뢰를 디자인하다

혹시 15년 전, 에어비앤비 서비스를 처음 알게 됐을 때를 기억하시나요? 저도 처음에는 에어비앤비로 누군가의 집에 묵는 것이 걱정됐던 기억이 납니다. 하지만 에어비앤비를 경험해 보고, 호스트와 여러 차례 이야기를 나누고 서로 후기를 잘 남겨주는 과정에서 지금은 마치 인스타그램에서 친구를 사귀는 것 같은 기꺼운 경험을 하고 있어요.

 서로가 평판을 남기는 시스템이다 보니 저도 숙소를 깨끗하고 조용하게 이용하는 사람이고 싶고요. 호스트도 항상 친절하게 어려움을 해결해주셔서 여행이 훨씬 즐거워져요. 혹시 당근마켓을 해보셨다면 유사한 감정을 경험하셨을 거예요. 매너온도 100도가 되려고 서로 다정하게 하다 보면 전에 없던 이웃의 정을 느끼죠.

 에어비앤비의 창업자 중 한 명인 조 게비아는 2016년 테드엑스TEDx에서 '신뢰를 디자인하는 법'에 대해서 강연을 했습니다. 신뢰란 원래 있는 것이 아니라, 디자인되는 것이라고요. 우리는 낯선 사람은 위험하다는 사고방식을 갖고 있지만 모르는 가게 점원에게 신용카드를 건네고, 한 번도 본 적이 없는 기사가 모는 택시를 타며, 마스터키를 가진 호텔 직원이 우리가 잠든 사이 몰래 들어올 수도 있다는 사실에는 신경도 쓰지 않고 잠을 잡니다. 신뢰란 꼭 물리적이고 실질적인 안전이 아

에어비앤비

니라, 시스템이나 연대감으로 형성할 수 있다는 증거죠.

에어비앤비도 사업 초기에 신뢰를 디자인하기 위해 노력했습니다. 서로 신뢰를 형성할 수 있도록 커뮤니티 형태로 디자인하게 되었죠. 에어비앤비를 개설하기 위해서는 18세 이상이어야 하며, 성과 이름, 생일, 전화번호 등을 필수로 올려야 합니다. 또 모든 가입자는 사진을 올려야 합니다. 얼굴 전체가 확실히 보여야 하죠. 재미있는 건, 예약이 확정되기 전에는 사진을 볼 수 없습니다. 어떤 사람을 받을지 승인 과정에 영향을 주는 것을 방지하기 위해서 입니다.

또, 게스트는 에어비앤비를 이용하고 나면 반드시 후기를 올려야 하는데요. 이는 다른 예약에 영향을 주기 때문에 호스트는 좋은 후기와 평점을 받으려고 노력합니다. 호스트뿐만 아니라, 게스트에게도 후기를 남길 수 있어 게스트도 더 정중하게 행동하게 되죠. 에어비앤비에서 우리는 돈을 내면서도 잘 보이고 싶어 합니다. 이러한 사용자의 경험은 '숙박중개업'이 아닌 SNS에 가깝죠.

에어비앤비는 운영을 하면서 적당한 수준의 신뢰를 구축하려면 적당한 양의 정보를 공개해야 한다는 사실을 배웠는데요. 에어비앤비를 예약하는 과정의 대화상자를 보면 이런 식으로 안내합니다.

수잔에게 인사하세요!
더 많은 정보를 알려주면 호스트가 여러분의 예약 요청을 확정할 가능성이 커집니다.
무슨 일로 애틀랜타에 오시나요? 누가 함께할 예정인가요?

그럼에도 불구하고 사고는 일어났습니다. 숙소에 묵은 게스트가 집에 있는 귀중품들을 들고 달아난 거죠. 에어비앤비는 이 문제에 적극적으로 대처했습니다. 보상을 하고, 범죄자를 추적하는 데 최선을 다했죠. 이를 기점으로 '에어비앤비 신뢰와 안전 부서'를 신설하고 호스트 보호 프로그램을 신설했습니다. 숙소에 발생한 피해를 최대 백만 달러까지 보상해주기로 한 거죠.

또, 여행의 트렌드도 바뀌었습니다. 그동안 여행은 리츠 칼튼과 같은 최고급 호텔에서 불쾌한 경험 없이 숙박하는 데 초점이 있었습니다. 하지만 여행수요가 증가하면서 개인적이고 인상적인 독특한 여행의 수요가 늘기 시작했고, 정형화된 호텔 대신 여행지의 실제 분위기를 느끼고 싶어 했죠. 여행에 대해 새로운 요구가 등장하기 시작한 겁니다.

에어비앤비는 단지 안전에 대한 신뢰를 넘어, 공동체에 대한 소속감으로 나아갑니다. 관계가 우리 삶에 가장 큰 의미를 준다고 생각하고, 이렇게 말했죠.

에어비엔비

누군가는 공과금에 보탬이 되려고 방을 빌려주려고 했을 수도 있고, 누군가는 그저 하룻밤 잠깐 잠이나 잘 곳을 예약했을지도 모릅니다. 하지만 우리는 가장 먼저 이 공동체에 발을 들여놓았고, 단순한 거래가 아니라는 것을 압니다. 그것은 앞으로 계속 이어질 유대감입니다. 여러분은 어디서든 환영받고 존중받으며 자기 모습 그대로 인정받는 느낌을 바라는 전 세계인들과 친구가 될 것입니다. 친밀감은 에어비앤비를 정의하는 아이디어입니다.

에어비앤비는 사명을 'Belong Anywhere'로 정합니다. 우리나라에서는 '어디서나 내 집같이 편안하게'로 의역하고 있죠. 세계를 하나의 연대감으로 묶고, 여행을 통해 관계를 맺음으로써 공동체에 대한 소속감을 확인할 수 있다고 믿는 겁니다.

에어비앤비의 실험적 사고

Y콤비네이터를 만난 덕분에 에어비앤비는 사용자와 부딪혀보고 무엇이든 실험해보고 결정하는 DNA를 갖게 됩니다. 예를 들어 에어비앤비는 사람들이 출장을 가기 위해 에어비앤비를 많이 사용한다는 것을 알게 됩니다. 그래서 'Airbnb for work'(한국에서는 에어비앤비 비즈니스 플랫폼)이라는 서비스

를 시작했죠. 출장을 온 여행자들에게 최적화된 숙소를 목록화하고, 가족 단위의 장기숙박 니즈에도 초점을 두었습니다. 2015년~2017년 사이 'Airbnb for work'는 매년 3배씩 성장했죠.

또 시간이 지나서 그들은 막상 여행지에서 숙소에 머무는 시간은 얼마 되지 않는다는 사실로 고민합니다. 그래서 에어비앤비는 여행자의 '전 과정 end-to-end' 경험을 만들어주고자 직접 최고의 여행 경험을 만들어보기로 하죠. 숙박 서비스가 아니라, 여행경험을 제공한 건데요. 여행객을 공항에서 픽업하여 파티도 같이 가고 레스토랑 최고의 자리에서 식사를 할 수 있게 해 주었습니다. 또 60명의 사람들과 함께 행선지를 모른 채 자전거를 타는 미스터리 자전거 여행도 시켜 줬죠. 여행객은 자기 인생에서 최고의 여행이었다며 감동합니다.

에어비엔비는 '여행 경험'을 서비스로 확대해도 가능할지 확인해봐야 했습니다. 다시 초기창업 때처럼 캐리어를 꾸려서 뉴욕으로 날아갔죠. 뉴욕에서 창업 초창기처럼 호스트들을 설득하여 체험 프로그램을 만들었고, 사용자들이 정말 이용하는지 살펴봤습니다. 적극적으로 작동할 수 있도록 도왔죠. 결과는 대성공! 이 서비스는 '에어비앤비 트립스 Airbnb Trips'라는 이름으로 제공되고 있고, 숙박만큼이나 커다란 매출을 차지하고 있습니다. 또, 많은 이들에게 새로운 수익원을 창출해줬죠.

브라이언은 많은 창업자가 사업 초기부터 기술과 확장에만 집중하고 실제 서비스를 사용하는 사용자의 경험을 디자인하는 것에는 집중하지 않는다고 말합니다. 에어비앤비는 기술보다 중요한 것은 사용자 경험이고, 사용자가 늘어나면서 도저히 기술 없이는 지금과 같은 경험을 줄 수 없다고 판단될 때 기술을 사용했다고 말하죠.

위기를 기회로 바꾼 팬데믹

2020년 기업공개IPO를 준비하고 있던 에어비앤비에 불가항력의 위기가 찾아옵니다. 코로나바이러스로 인한 세계적인 팬데믹이었죠. 8주 만에 매출은 80% 급감했고, 위기를 극복하기 위해 지분 매각과 대출을 통해 20억 달러(약 2조 5900억 원)를 조달했습니다. 투자자들은 CEO 브라이언 체스키의 사임을 요구했으나, 브라이언은 1인 CEO 체제로 전환하고 상장을 밀어붙였습니다.

에어비앤비는 몸집을 줄여야 했습니다. 7,500명의 임직원 중 25%인 1,900명을 감축합니다. 남은 임원 역시 6개월간 월급을 절반으로 삭감했습니다. 뼈를 깎는 구조조정을 해야만 했습니다. 그동안 에어비앤비에는 10개의 사업부가 있었습니다. 너무 커다란 조직에서 각자 신사업을 진행하고 있었죠. 브라이언은 스티브 잡스가 1990년 애플에 복귀했을 때 했던 정책과 같이 조직을 개편합니다. 사업부 단위로 조직이 나뉘어 있던 것을 회사 통째로 디자인팀, 개발팀, 마케팅 팀과 같이 기능별로 재편한 거죠.

브라이언은 디자이너 출신 CEO로서, 디자이너가 여전히 조직을 이끌 수 있다는 것을 보여줍니다. 에어비앤비를 디자인 중심의 회사로 전환하는데요. 마치 건축가가 설계부터 제작과 관리를 하는 것처럼, 디자이너가 제품의 모든 것을 설계하고 관장하는 거죠.

또, 에어비앤비가 하던 일을 전부 중단하고, 10%의 핵심 사업에 전사의 자원을 집중하기로 합니다. 연중 80%의 업데이트는 상반기와 하반기 2번만 크게 진행하고, 나머지 20%의 업데이트는 신속하게 반복 배포하여 최적화했죠.

팬데믹은 에어비앤비에 또다른 기회를 제공했습니다. 바로 재택근무였죠. 사람들이 재택근무를 많이 하니 해외나 도시로의 여행보다는 가까운 지방의 숙소로 재빨리 포커스를 옮겼습니다. 재택근무하기 좋은 숙소를 많이 노출하고 장기임대 정책을 강화했습니다.

한편, 팬데믹이 끝나도 사람들은 사무실로 돌아가지 않았고, 오피스는 유연해졌습니다. 2020년 브라이언은 미국 전역을 돌며 일주일씩 다른 도시의 에어비앤비에 살면서 근무합니다. 이를 통해 노트북만 있으면 낯선 사람의 집에서도 회사를 운영하는 데 문제가 없다는 사실을 깨닫습니다. 또, 이런 환경에서 필요한 숙소는 사무실이나 집처럼 편의시설이 충분한 곳이어야 했죠. 에어비앤비는 더 이상 잠만 자는 공간이 아니라 일을 할 수 있는 환경이 되어야 했습니다. 사람들은 단지 출장이 아니라 일을 하는 공간을 바꾸기 위해 에어비앤비를 찾을 거라고 확신한 겁니다.

미국의 많은 IT기업은 같은 회사에서 같은 직무를 하더라도 물가가 비싼 도시에 거주하는 근로자들에게 더 많은 급여를 지급했습니다. 하지만 에어비앤비는 거주지에 따라 급여가 달라지지 않을 거라고 선언했고, 브라이언의 이 발언은 조명을 받았는데요. 여전히 기업들은 '사람들이 한 도시에 뿌리를 내리고 있다'라는 시대착오적인 사고방식을 갖고 있으며, 이는 필연적으로 유연하게 바뀔 것이라고 말했죠.

한편, 최근 몇 년간 국제적 이슈로 집을 잃어버린 사람이 많았죠. 에어비앤비는 이들에게 잘 곳을 제공합니다. 이를 처음 시작한 것은 2012년 초대형 태풍 샌디가 뉴욕을 강타했을 때, 에어비앤비 숙소 주인이 이재민들에게 집을 내준 것이 시작이었는데요. 난민들에게도 머물 곳을 제공하기 시작합니다.

2021년 아프가니스탄 위기가 발생했을 때는 약 10만 명의 난민이 미국으로 왔고, 에어비앤비는 4만 명을 수용했죠. 또 2022년에는 우크라이나를 탈출한 난민 10만 명에게 임시 숙소를 무료로 제공했습니다. 주로 폴란드·독일·헝가리·루마니아 등 우크라이나에 인접한 국가에 있는 에어비앤비였죠.

팬데믹이 시작됐을 때 모두 에어비앤비가 끝났다고 말했지만 이를 잘 버텨낸 에어비앤비는 머지않아 손익분기점을 넘었고 2023년, 잉여 현금흐름이 40억 달러에 달했습니다. 그리고 여행업계에서 가장 빨리 회복한 회사가 됐죠. 임대료나 인건비 같은 비용을 지지 않아도 되기 때문입니다. 그 결과 에어비앤비는 지금 가장 큰 성장을 보이고 있습니다.

전 세계 호텔 체인 중 1위인 메리어트는 에어비앤비 시가총액의 70%, 부킹닷컴으로 에이비앤비의 2배에 달하는 매출을 내고 있는 부킹홀딩스의 시가총액은 에어비앤비의 절반 수준에 불과합니다.

에어비앤비가 없던 시절로 돌아갈 수 없어

에어비앤비는 급격하게 성장하여 시장의 경계를 허물었고, 부작용도 나타나고 있습니다. 특히 에어비앤비의 잠재적 경쟁자는 각국 정부의 규제입니다. 그동안은 없던 시장인 만큼 규제가 마련되지 못했는데, 속속들이 법안이 만들어지고 있는 거죠.

에어비앤비가 성공할수록 그 지역의 임대료는 치솟습니다. 이를테면, 이탈리아의 베니스와 같은 도시는 오버투어리즘과 같은 과잉 여행수요의 문제와 더불어 에어비앤비가 기존에 살던 주민들을 도리어 쫓아내고 있습니다. 외지인들이 에어

에어비엔비

비앤비를 목적으로 방을 임대하면서 집값과 월세가 올라가고 살기는 불편해졌습니다.

이 때문에 에어비앤비를 허용하는 국가도 엄격한 기준 아래 에어비앤비 사업을 승인하고 있습니다. 우리나라는 아예 에어비앤비 허가를 받는 것 자체가 쉽지 않죠.

그럼에도 불구하고 여행에 있어 에어비앤비가 없던 시절로 돌아가기는 어려워 보입니다. 다만, 에어비앤비는 설립 초기부터 공동체와 연대의식을 강조해 왔습니다. 팬데믹 시기에는 의료진을 위해, 또 난민들을 위해 무상으로 집을 제공했죠. 또, 브라이언을 비롯한 창업자 셋은 빌 게이츠와 워렌버핏의 추천으로 '더 기빙 플레지 The Giving Pledge'에 가입합니다. 더 기빙 플레지란 재산의 절반을 사회에 환원하기로 서약한 세계 부호들의 기부단체입니다. 에어비앤비가 위기에서 회복한 지금, 에어비앤비로 인해 전 지구적으로 일어나는 문제를 좀 더 따뜻한 시선으로 관심을 갖고 해결책을 함께 모색해보기를 기대해 봅니다.

샘표 sempio
전 국민이 요리하는 그날까지

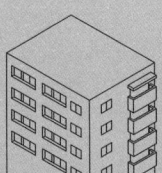

1946년 박규회가 창업한 식품회사. 오랫동안 집집마다 담가 먹던 간장을 '사 먹는 간장' 문화로 바꾸었다. 먹는 것에 진심인 만큼 직원들에게도 진심이어서 건강한 조직 문화를 이어왔다. 현재는 간장을 넘어서 다양한 발효 제품, 소스류, 레토르트 제품까지 뻗어 나가고 있다. "전 국민이 더 많이 요리하도록 돕겠다"는 비전으로 더 쉽게 요리할 수 있는 활동을 이끌고 있다.

요리를 잘 하지 않는 저는 간장을 보면 미역국이 떠오릅니다. 남편 생일 아침 일찍 미역국을 끓이려다 조미료가 든 찬장을 열고 국간장, 진간장, 양조간장을 한참 번갈아 봤죠. 결국, 뭘 넣었는지는 기억이 안 나지만, 아무리 넣어도 간이 안 맞아 까맣고 맛없는 미역국을 내었던 기억이 있습니다.

변명을 하자면 20대 이후로 거의 혼자 살았던 자취러에게 음식을 한다는 건 재료와의 싸움이었습니다. 한 끼 분량의 재료를 구하기도 어렵고, 음식물 쓰레기는 처치 곤란하고, 같은 음식을 또 해먹자니 물리는데 냉장고에서 재료는 썩어갔으니까요.

그래서 저는 오랫동안 주로 사먹는 방식을 택했는데요. 엄마가 들으면 통탄할 일이죠. 집에서 밥 해먹는 게 뭐 그리 어려워서 비싼 돈 주고 몸에도 안 좋은 밥을 사먹느냐, 게다가 뭐 자랑할 일이라고 책에까지 광고를 하느냐.

그런데 과거에는 '장'을 사 먹는다고 하면, 마치 현재 밥을 사 먹는다고 할 때의 그런 느낌이었다고 해요. 대부분의 집에서 겨울마다 손수 담그는 김장처럼, 메주를 띄워서 집집마다 장을 담갔던 거죠. 콩을 직접 삶고, 절구에 찧어 메주를 만들고, 이를 바람이 잘 통하는 곳에서 오래 말립니다. 그리고 소독한 큰 항아리에 소금물과 함께 넣고 1년 이상 햇볕에 잘 말리죠.

발효된 간장은 까만색이 되고, 남은 메주는 된장이 됩니다. 그 과정은 길고 복잡했기 때문에 집집마다 그 맛이 다 달랐고, 며느리에게 구전으로 전수되어 왔습니다. 그래서 예로부터 "잘되는 집은 장도 달다."라고 했는데요. 이렇게 집안 대대로 내려온 장을 '사 먹는다'고 했을 때 그 시대 어른들은 뭐라고 했을까요?

'사 먹는' 간장의 시대를 열다

샘표의 창업주는 함경남도에서 태어난 박규회입니다. 1945년 해방 후, 소련군이 들어오자 서울로 넘어와 처음에는 명동에서 교복 도매사업을 했는데요. 당시 매물로 나온 양조장을 발견합니다. '미스야' 식초로 유명했던 삼시장유 양조장이었습니다. 일본인 경영자가 떠난 뒤 한국인 직원 20여 명이 겨우 명맥을 이어가고 있었는데 미군정청이 적산 기업으로 편입해 새로운 경영자를 찾고 있었죠. 박규회 창업주는 교복 사업으로 번 돈과 은행을 다니던 아들 박승복 씨의 퇴직금을 합쳐 1946년 삼시장유를 사들였습니다.

간장은 중국과 한국, 일본에 모두 있는 문화입니다. 그러나 기후와 원재료 환경이 다르다 보니 나라마다 그 특성도 다르죠. 한국의 '조선간장'은 100% 콩으로만 제조합니다. 오랫동안 발효되면서 구운 빵처럼 구수한 향이 나는 게 특징이죠. 구수한 향은 재료의 쓴맛과 아린 맛을 줄이고 재료 본연의 맛을 이끌어냅니다. 상대적으로 짜서 국에 많이 사용하기 때문에 오늘날 '국간장'으로 불리는 그 간장입니다.

반면, 해양성 기후인 일본은 날씨가 습하고 따뜻해서 장기간 숙성을 할 수가 없었습니다. 그래서 단기간 숙성이 가능하도록 볶은 콩 50%에 밀과 보리 50%를 섞고 종국균을 띄워 양조하는 일본식 간장이 발달했습니다. 이를 '양조간장'이라 합니다.

해방 전, 일본인이 많이 들어오면서 전국에 100개가 넘는 일본식 간장 공장이 들어섰습니다. 양조간장은 6개월~1년만 숙성을 하다 보니, 상대적으로 달달하고 깔끔하고 염도가 낮습니다. 일본간장을 맛본 일부 조선 사람들도 맛있다고 느꼈죠. 당시만 해도 조선간장은 발효방식이 복잡하여 대량 생산하기 부적합했지만, 발효 기간이 짧은 양조간장은 같은 맛으로 양산을 하기에 적합했습니다. 박규회 창업주는 이 '양조간장'에 주목했습니다.

하지만 기술을 전수해줄 사람도 없고 미세한 온도, 습도에도 맛이 달라져 초기에 개발을 하는 데 아주 어려움을 겪었습니다. 천고 끝에 1954년, 독자적인 기술로 양조간장을 개발하는 데 성공하죠.

시간이 더 지난 1966년에는 이 양조간장에 산분해 간장을 섞어 더 짠맛을 강조한 혼합간장을 출시하는데요. 샘표는 이 간장에 '진간장'이라는 이름을 붙입니다. 산분해 간장은 발효 과정에 필요한 효소분해를 염산으로 하기 때문에 제조비용은 더 저렴하고 감칠맛이 더 강했습니다. 염산이 들어간다니 걱정하는 분들도 계시겠지만, 산분해 간장에 사용하는 염산과 수산화나트륨은 식품첨가물로 허용된 것으로, 이것들은 최종 식품에는 전혀 남지 않습니다. 오히려 국간장보다는 덜 짜고, 양조간장보다는 감칠맛이 있는 혼합간장인 진간장이 더 사랑을 받게 됐죠.

박규회 창업주는 1954년 "샘물처럼 솟으라."는 의미로 '샘표'라는 이름을 붙였습니다. 장을 담글 때는 물이 제일 중요한데, 맑은 샘으로 만든 깨끗한 이미지를 붙인 거죠. 실제로 박규회 창업주는 "내 식구가 먹지 않을 것은 만들지도, 팔지도 말라."는 철학을 가지고 건강하고 안전한 먹거리를 만드는 데 심혈을 기울였습니다.

당시에는 상표권 관련 기관과 법이 막 만들어지고 있었기 때문에, 샘표는 출시하면서 바로 상표를 등록했고 역대 식품 브랜드 중 첫 번째가 되었습니다. 하지만 처음이라는 건 저항에 부딪히기 쉽다는 뜻이죠. 처음에는 간장이 잘 안 팔렸는데요. 최초의 모델을 고용해서 마릴린 먼로처럼 입히고 신여성의 이미지를 강조하기도 했습니다. 이 전략은 완전히 실패했죠. 장을 사 먹는 신여성이라니, 게으른 이미지로 보인 겁니다.

그래서 샘표는 전략을 바꿨습니다. 주부들의 마음을 움직이려고 주부 사원을 고용, 부유한 가정들을 대상으로 방문판매도 하고요. 무료시식회도 하기 시작합니다. 당시로써는 파격적이었죠. 한편, CF 송도 선보입니다.

> "보고도 몰라요, 들어서도 몰라요.
> 맛을 보고 맛을 아는 샘표 간장!"

이러한 대대적인 마케팅 끝에 샘표 간장은 장류업계 1위에 오르면서 사 먹는 간장의 시대를 열기 시작했습니다.

게다가 1960년대 들어서는 서울로 상경하는 인구가 늘고,

고층건물이 들어서게 되면서 자연스럽게 집에 마당도, 장독대도 없어졌죠. 그 결과 집에서 장을 담글 수가 없었고, 사 먹는 간장 수요는 엄청나게 늘어나게 됩니다. 샘표는 급격하게 성장하게 되죠.

그런데 이때 박규회 창업주의 건강이 안 좋아집니다. 그래서 아까 은행 퇴직금을 보탰던 아들이 사업에 참여하게 되는데요. 바로 박승복 회장입니다.

직원이 행복한 회사를 만들다

박규회 창업주의 아들인 박승복 회장은 당시 은행에서 일하다가 기관으로 파견 근무를 가게 되었고, 일을 잘하는 그의 모습을 눈여겨본 이들을 통해 공무원의 길을 걷게 되는데요. 당시, 그는 국무조정실장까지 역임할 정도로 고위 공직에 있었습니다. 하지만 아버지 건강이 안 좋아지면서 55세라는 늦깎이 나이에 사업을 물려받게 된 거죠.

그런데 1985년 간장 업계에 문제가 터집니다. 간장 수요가 늘어나면서 간장 브랜드가 우후죽순으로 생겼는데요. 닭표간장, 미원간장, 삼양간장 등 1,000개가 넘는 간장 브랜드가 시중에 쏟아지게 되었습니다. 이런 기업 중에는 영세하게 간장을 만드는 무허가 간장공장도 있었습니다. 이때, TV에서 '소금물에 검은 색소를 탄 간장'에 대한 뉴스가 보도됩니다. 양조간장 일부에 화학제품을 혼합한 이른바 '중금속 간장'이 보도된 것입니다. 당연히 샘표 간장의 이야기는 아니었지만, 시장 1등이었던 샘표는 직격탄을 맞게 됩니다. 종일 전화가 오고, 사람들은 샘표 간장을 하수구에 버리며 시위를 했죠

그러자 박승복 회장은 큰 결심을 합니다. 공장을 오픈하기로 한 것이죠. 박승복 회장이 공장을 오픈하겠다고 하자 실무진들은 처음에 반대를 했습니다. 설비를 오픈한다는 건 기업의 비밀이 노출될 우려도 있고 여러 가지 위험이 많기 때문이었죠. 하지만 박승복 회장은 자신이 있었고, 공장을 배경으로 CEO가 등장하는 광고까지 찍었습니다.

> "샘표 가족 여러분, 안심하고 쓰십시오. 주부님들의 공장 견학을 언제라도 환영합니다."

그 결과 공장에는 오전, 오후에 걸쳐 버스가 몇 대씩 출입하며 주부 고객들이 쏟아져 들어왔습니다. 박승복 회장은 직접 설비를 소개하고 설명했죠. 깨끗한 공장의 모습을 눈으로 본 고객들은 안심했고, 간장 파동은 오히려 샘표의 깨끗하고 안전한 설비를 더욱 알리는 계기가 되었습니다.

한편 샘표에는 박규회 창업주로부터 이어온 중요한 신념이 있었습니다. 바로 구성원의 행복을 최우선하는 기업 문화

였죠. 박승복 회장이 회사를 운영한 지 얼마 안 된 시절의 일화가 있습니다. 당시 플라스틱이 보급되면서, 공병을 수거해서 세척해 쓰던 유리 간장병을 페트병으로 바꾸기로 합니다. 그동안은 계약직 주부님들이 이 과업을 수행했는데요. 유리병을 세척하는 기계가 들어오기 전날, 박승복 회장은 병을 세척하던 직원들을 모두 모아 정식 직원으로 발령을 냈습니다. 이후에도 샘표는 감원이나 구조조정으로 직원을 내보낸 사례가 단 한 번도 없었죠.

심지어 샘표는 직원들에게 노조가 있어야 직원들이 목소리를 낼 수 있다고 권유하여 노동조합을 설립했고요. 이러한 노사 관계로 인해 80년대 후반 전국 제조업에서 파업이 일어났을 때도 샘표는 노사분규 없이 평화롭게 지나갔습니다. 또 IMF 때도 노조에서 먼저 임금 동결을 제안했을 정도입니다. 그 결과 1998년에는 충분히 임금을 인상하고 오히려 더 많은 인원을 정규 채용할 수 있었다고 합니다. 이익보다 사람을 우선시하는 경영철학으로 77년간 노사분규는 0건을 기록했으며, 2022년에는 '노사협력 대상'을 받기도 했죠.

오늘날에도 샘표는 직원들의 행복과 즐거운 일터를 위한 다양한 제도를 운영하고 있습니다. 충북 오송에 있는 우리발효연구중심의 연구소, 경기도 이천의 간장 공장은 마치 갤러리와 같습니다. 전문 작가들이 샘표의 헤리티지를 작품으로 만든 갤러리를 운영하거나, 외벽에 커다란 작품을 선보이기도 했죠. 또, 서로 휴가를 선물할 수 있는 제도처럼 함께 즐길 수 있는 팀 문화에 특히 신경을 쓰고 있습니다.

간장을 넘어 발효를 열다

3대째 가업을 잇고 있는 박진선 회장은 본래 공학도였습니다. 서울대학교 전자공학과를 졸업하고 미국으로 유학을 떠났고 스탠퍼드대학원에서 전자공학 석사 학위를 취득했습니다. 그러다가 돌연 오하이오주립대학교에서 철학으로 박사학위를 받습니다. 철학으로 대학에서 강의까지 하고, 돌아와 샘표의 운영에 참여하게 됩니다.

박진선 사장은 공학도였던 만큼 과학적인 연구개발에 많은 투자를 하게 되는데요. 간장을 넘어 '발효식품'에 대한 본격적인 연구를 시작합니다. 발효전문 연구소인 '우리발효연구중심'을 세우고 해마다 매출의 5%를 연구개발에 투자했죠. 식품 업계가 대개 매출의 1%를 연구개발에 쓰는 것에 비하면 매우 높은 비율입니다.

발효는 주로 탄수화물이나 단백질이 분해되면서 일어나는데요. 최근 친환경적이고 지속가능한 방식의 먹거리 수요가 늘어나면서, 발효에 대한 관심이 높아지고 있습니다. 우리 음식에도 장뿐만 아니라 김치와 식초, 식혜, 젓갈 등 다양한 음식이 있습니다. 발효로 눈을 돌리자 샘표가 할 수 있는 건 더욱 많아졌습니다. 그중 한 가지가 바로 공전의 히트상품 '연두'입니다.

식품업계에서는 '연두'를 4세대 조미료라고 구분했는데요. 1세대 조미료는 사탕수수 등을 발효해 MSG를 추출한 조미료입니다. 대상식품의 '미원'이 대표적이죠. 2세대 조미료는 CJ제일제당의 '다시다'로, MSG에 더해 쇠고기, 해물, 멸치 같은 원물의 맛을 더해 만들었죠. 3세대 조미료는 좀 더 건강을 생각했습니다. MSG대신 쇠고기, 해물, 채소 등 원물을 활용한 고가 조미료였죠. CJ제일제당의 산들애, 청정원의 맛선생 등이 있습니다.

샘표의 우리발효연구중심은 '콩'에 집중했습니다. 사실 기존 조미료는 쇠고기 같은 동물성 단백질을 말려서 가루로 내서 사용을 하다 보니 많이 넣을수록 텁텁하고, 국물이 탁해지며 맛이 강해서 음식의 맛이 같아져 버리는 단점이 있었습니다. 하지만 콩은 자체의 맛과 향이 강하지 않은 데다 깊은 맛을 내는 아미노산이 멸치나 쇠고기보다 3배나 많습니다. 또 발효로 제작하기 때문에 감칠맛을 극대화하면서도 재료 본연의 맛을 해치지 않았죠.

기존의 조미료로 설명할 수 없는 새로운 포지셔닝으로 나왔기 때문에, 처음 연두가 나왔을 때 사람들의 반응은 시큰둥했습니다. 콩을 발효한 몸에 좋은 조미료라고 소개했지만, 샘표라는 상표가 붙으니 사람들은 그냥 샘표에서 새로 만든 '간장'으로 인식했습니다. 결과는 처참했습니다.

그러자 샘표는 시장에서 연두를 다시 거두고 다시 고민했습니다. 새로 포지셔닝하기로 했죠. 간장과 비슷한 색과 향도 없애기 위해서 노력했습니다. 색은 연하고 향은 부드럽게 만들었죠. 그래서 붙인 이름이 바로 '요리에센스'입니다. 그리고 대망의 CM송을 만들게 되는데요.

"연두 해요~ 연두 해요~ 요리할 땐 연두해요♬"

드디어 사람들은 연두를 간장이 아닌 새로운 카테고리로 느끼기 시작합니다. 그 결과, 연두는 4세대 조미료 시장, 즉 액체 조미료 시장을 열었고 국내뿐만 아니라 해외에서도 사랑받게 되었습니다.

사실, 저처럼 집밥을 안 해 먹는 사람들이 늘고, 밑반찬보다는 요리나 간편식을 찾는 사람들이 늘면서 간장의 수요는 줄어들고 있습니다. 샘표는 그동안 비간장 제품으로 꾸준히 카테고리를 확장해왔는데요. 그런데 샘표에서 나오는 다른 식품, 기억나는 게 잘 없으시죠?

샘표의 '숨김 마케팅' 때문입니다. 여기에는 재미있지만 슬픈 비화가 하나 있습니다. 간장만 고집했던 박규회 창업주는 아들 박승복 회장에게 절대로 다른 음식을 만들지 말라고 강조했는데요. 박승복 회장은 이를 어기고 캔커피 시장에 뛰어들었습니다. 1987년 '시스코'라는 캔커피 브랜드를 출시했던 건데요. 당시에는 절대적인 샘표의 시장점유율을 믿고, 샘표 브랜드를 달고 출시했죠. 그러자 사람들은 "커피가 짤 거 같다."라는 반응을 보이며, 외면했습니다. 이렇게 커피사업에 실패해본 샘표는 신사업에 진출할 때, 샘표라는 사명은 가리게 된 것이죠.

그래서 최근 출시된 제품들은 굳이 찾아보지 않으면 샘표인지 모르는 브랜드가 대부분입니다. 파스타와 수프, 소스, 드레싱 등 이탈리아 식재료를 판매하는 '폰타나', 육포 브랜드를 판매하는 '질러', 또 즉석 카레로 많이 찾는 브랜드 '티아시아'가 모두 샘표의 브랜드입니다. 이런 상품들은 카테고리에 어느 정도 안착하여, 현재 샘표에서 비간장 브랜드가 차지하는 매출은 50%가 넘습니다.

전 국민을 요리하게 만들겠다! 새미네 부엌

2021년 샘표는 모든 조리 시간을 획기적으로 줄이겠다는 미션을 내세우며 '새미네 부엌'을 선보였습니다. 샘표가 잘 하는 영역인 '소스' 브랜드였습니다. 재료를 넣고 버무리기만 하면 요리가 완성되도록 모든 양념을 다 해서 나온 거죠. 예를 들어, 새미네 부엌 '김치 양념'은 마늘, 양파, 젓갈 등을 한 팩에 담았습니다. 고춧가루에 새미네 부엌 김치 양념을 섞은 다음 채소를 버무리기만 하면 겉절이나 오이소박이 등을 쉽게 만들 수 있습니다. 잡채 소스, 멸치볶음 소스 등 저와 같은 '요알못'도 쉽게 요리를 할 수 있는 치트키인 겁니다.

샘표는 소스와 동시에 '새미네 부엌 플랫폼'을 선보였습니다. 요리를 어떻게 시작해야 할지 모르는 이들을 위한 요리 초보 가이드를 비롯, 샘표의 연구원들이 직접 제작하는 '요리법 연구소'를 제공하고 있죠. 집 반찬 중심의 요리법이 많아서 정말 한 번씩 따라 해보고 싶어집니다. 엄마에게 구전으로 배우던 것을 온라인에 차곡차곡 쌓아놓은 것이죠.

자고로 플랫폼이란, 사람들이 정보를 얻기도 하지만 콘텐츠를 또 올리고 남들과 공유해야 하는 곳인데요. 많은 기업이 지향하기는 하지만 닿기 어려운 그곳이 콘텐츠와 커뮤니티, 이것이 함께 있는 플랫폼이죠. 그런데 직접 들어가 보니 많은 사람이 '수고스럽게도' 새미네 부엌에 자신만의 레시피를 올리고, 자랑하고 있었습니다. 요리라는 주제를 놀이터 삼아 와글와글 모여들고 있는 거죠. 또, 팬데믹을 계기로 초등학생들과 줌을 통해 요리 수업도 진행하고 있는데요. 요리 재료를 배송해주고 줌으로 함께 만들어나가는 방식으로 많은 호응을 얻었습니다.

같은 맥락에서 샘표는 글로벌에 진출하여 한국의 장맛을

알리기 위한 노력도 해왔습니다. 유럽에 진출할 때는 스페인의 알리시아 요리과학 연구소와 협업하여 장에 대한 과학적인 연구와 유럽인의 음식에 맞는 레시피 개발에도 많은 투자를 했습니다. 이때 우리 장을 활용해 개발한 수많은 레시피를 살펴보면 샘표가 얼마나 진심인지 알 수 있습니다.

샘표가 새미네 부엌을 오픈한 이유는, 국민이 더 많이 요리하기를 바라기 때문입니다. 요리의 효용이야 여기서 열거하지 않아도 많은 분들이 잘 아시겠죠. 하지만 1인 가구가 늘고 시간이 부족해지면서 매번 집에서 요리해 먹는 것이 어려운 게 현실입니다.

샘표는 요리하는 시간과 에너지를 줄여, 더 많은 사람이 손쉽게 요리를 할 수 있도록 돕겠다는 것입니다. 오늘날 샘표가 추구하는 비전이자 미션이죠. 단지 간장과 조미료와 식품이 더 많이 팔기를 바라는 것이 아닙니다. 회사 전체의 활동이 이 미션을 향하고 있는 것입니다.

물론 샘표의 이러한 비전은 현재진행형입니다. 아직 많은 사람이 모르고 있고, 구체적인 성과가 나타나기까지는 시간이 걸릴 것입니다. 하지만 샘표의 철학과 비전을 이해하고 난 이상, 진심으로 응원하게 되었죠. 저도 이번에는 다시 한 번 맛있는 미역국에 도전해봐야겠습니다.

샘표

파타고니아 Patagonia

사업은 수단일 뿐,
우리의 목적은 지구

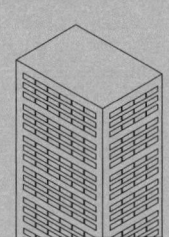

1973년 자연 암벽과 서핑을 사랑한 미국의 등반가 이본 쉬나드가 설립한 패션 브랜드. 아웃도어 제품을 생산하던 그는 환경 파괴 문제에 깊이 공감하며, 이를 해결하기 위해 지속 가능성과 책임 경영을 핵심으로 삼는다. 1986년부터는 매년 매출의 1% 또는 수익의 10% 중 더 큰 금액을 환경 보호를 위해 기부한다.
또한, 2022년에는 회사의 모든 지분을 환경 보호 목적의 신탁과 비영리 단체에 기부하여, 지구 보호를 위한 활동을 지속하고 있다.

1년 전부터 자연암벽 등반을 시작했습니다. 시작은 그저 실내 클라이밍을 배우고 싶어 찾아갔는데, 우연하게도 클라이밍 체육관을 운영하시는 선생님이 한국의 자연암벽 역사의 산 증인이셨어요. 자연스럽게 자연암벽 기술을 배우고 따라 나가게 되었습니다.

   자연암벽 등반은 '스포츠 클라이밍'이라고 부르며 스포츠 영역에서 역사가 깊습니다. 하네스라고 부르는 안전벨트를 차고 로프를 묶어 벽에 걸면서 올라가면, 아래쪽에서 확보자가 줄을 도르래처럼 당겨 추락을 방지하는 방식입니다. 높은 암벽에 매달린 사람들을 보는 것은 아찔하지만, 실제로 이 시스템을 배우고 나면 생각보다 안전한 운동이라는 것을 알게 됩니다. 물론 사람의 부주의와 자연환경의 변화 등 위험의 여지도 있지만요, 여느 스포츠처럼 과학과 기술의 도움을 받아 자연을 즐길 수 있는 방식입니다.

무엇보다 이 운동을 하면서 인간에게는 아주 오래전부터 어딘가를 오르고자 하는 본능이 있다는 사실을 깨달았는데요. 원숭이와 같은 동물들의 동작을 연구하기도 하고, 자신의 몸과 호흡에 굉장히 집중하게 됩니다. 또한, 산에서 하는 활동이기 때문에 자연 자체에 대한 경외심을 갖게 됩니다. 과거의 유럽 사람들은 산을 정복의 대상으로 여겼지만, 오늘날 산을 대하는 사람들은 겸허한 마음으로 자연을 보호하고 우리가 그 안에 있는 구성원이라는 마음을 갖게 되죠.

이러한 맥락에서 '산사람'들이 만든 아웃도어 브랜드는 결이 비슷합니다. 노스페이스The North Face의 더글러스 톰킨스Douglas Tompkins, 아크테릭스Arc'teryx의 데이브 레인Dave Lane과 제레미 가드Jeremy Guard 그리고 파타고니아Patagonia의 이본 쉬나드Yvon Chouinard까지. 사실 이들은 굉장히 자유로운 영혼이자 돈에 크게 욕심이 없어 보입니다. 그리고 산에서 자신들의 목숨을 지켜줄 안전한 장비를 만드는 데 만전을 기했다는 사실도 같죠.

다만, 더글라스 톰킨스와 데이브 레인, 제레미 가드는 일찍이 자유를 찾아 회사를 떠났습니다. 그런데 이본 쉬나드는 철없던 20대를 지나 70대의 노구가 된 지금도 자신이 지켜야 할

파타고니아

조직과 지역사회, 그리고 지구에까지 책임을 다합니다.

파타고니아는 이미 이야기가 많이 알려져 있고, 팬덤이 강하지만 이 책이 다루는 기업 중 딱 하나의 기업만 꼽아야 한다면 파타고니아일 만큼 이 기업을 빼놓을 수 없었습니다. 세상에 기여하고 싶은 모든 기업가가 성장이라는 이름에 발목을 잡힐 때, 타협하지 않고 계속 나아간 기업인 까닭입니다.

자유로운 영혼, 이본 쉬나드

이본 쉬나드는 미국 오하이오의 가난한 가정에서 태어났습니다. 학교에 잘 적응하지 못했던 쉬나드는 산에서 놀기를 좋아했는데, 그러다 암벽 등반을 하는 사람들과 만났고 암벽 등반에 빠져들었습니다. 특히 큰 암벽들이 있는 요세미티에 즐겨 갔죠.

초창기 등반가들은 해머를 가지고 다니며 못과 같은 역할을 하는 '피톤'을 바위틈에 박아 넣고 피톤에 줄을 매달아 추락을 방지했습니다. 모든 등반 장비는 유럽산이었는데 연철로 만든 피톤은 빼려고 망치질을 하다 보면 머리 부분이 쉽게 부서졌습니다. 또, 바위틈에 한 번 넣으면 수거할 수가 없었죠. 경제적인 여유가 없었던 쉬나드는 피톤을 회수해서 다시 쓰고자 직접 강철로 단단한 피톤을 만들었습니다. 중고 화덕과 해머 등을 구입해 뒷마당에 대장간을 차리고 독학으로 만들기 시작했죠.

수작업으로 하나하나 담금질을 해야 했기 때문에 한 시간 동안 2개밖에 만들지 못했습니다. 그래도 항상 친구들이 만들어 달라고 조르는 바람에 쉬나드는 겨울에는 내내 장비를 만들었죠. 그리고 봄부터 가을까지는 요세미티와 와이오밍, 캐나다, 알프스를 찾아다니며 이 장비를 팔아 생계를 유지했습니다.

하지만 수익은 얼마 되지 않았고 쉬나드는 항상 돈이 없었습니다. 할인점에서 찌그러진 고양이 먹이 캔을 사서 오트밀을 말아 먹거나 다람쥐를 잡아먹었죠. 또 1년에 200일을 야외에서 비박했지만, 군용침낭만으로 생활했을 뿐, 텐트도 없었습니다.

젊은 쉬나드는 마치 히피처럼 경제적인 활동을 하지 않는다는데 자부심을 느꼈습니다. 소비문화에 저항하고, 정치인이나 사업가를 악의 축이라고 생각했죠. 최소한의 소비만 하는 삶을 이어나갔습니다.

그러나 때는 1960년대였고, 백수는 사회적으로 용인이 되지 않았습니다. 친구와 등반을 마치고 화물열차를 타고 돌아오던 쉬나드는 '뚜렷한 소득이 없는 상태로 목적 없이 방황했다'는 죄목으로 체포되어 유치장에 가게 됩니다. 그리고 집에 돌아온 쉬나드에게 영장이 날아왔습니다. 가기 싫어도 어쩔 수 없었죠. 등반사업을 그만두고 끌려간 군대에서 쉬나드는 한국으로 파병되었습니다.

하지만 한국에서도 쉬나드는 요주의 인물이었습니다. 장교들에게 경례도 하지 않고, 단식투쟁을 하고, 계속해서 말썽을 일으켰습니다. 불량한 근무 태도 때문에 영창에 갈 뻔하기도 했죠. 다행히 군은 쉬나드를 발전기만 켜고 끄면 되는 한직으로 보내 버리는데요. 이마저도 쉬나드는 다른 사람에게 맡기고 작업장을 몰래 빠져나가곤 했습니다.

참새가 방앗간을 지나치지 못하듯, 한국에 있는 그가 문턱이 닳도록 드나든 곳이 있었으니 바로 북한산 인수봉입니다. 쉬나드는 화강암의 매끈한 인수봉 봉우리를 보고 반하게 되었습니다. 그리고 한국의 등반가 선우중옥과 함께 코스를 개척했죠. 지금도 인수봉에 가면 80여 개의 코스 사이에 그의 이름을 딴 '취나드A길'과 '취나드B길'이 있습니다. 취나드는 쉬나드의 영문 이름 'Chouinard'의 오독입니다. 2년간의 짧은 군 생활 동안 한국에 흔적을 남기고 간 것이죠.

결국, 쉬나드는 무사히 제대하고 고향으로 돌아왔습니다. 이후 좀 더 본격적으로 장비를 만들기 시작했고, 집에서 독립해 헛간을 얻어 작업장을 만들었습니다. 여기서 쉬나드의 첫 번째 브랜드 '쉬나드 이큅먼트CHOUINARD EQUIPMENT'가 탄생합니다. 당시에는 카탈로그로 주문을 받는 시대였는데, 카탈로그에는 5월부터 11월까지는 '빠른 배송을 기대하지 말라.'는 직설적인 문구를 써 두었죠. 자기가 한참 등반을 하는 시즌이기 때문입니다.

쉬나드는 등반친구들을 고용하고, 톰과 도린 프로스트 부부와 동업을 시작했습니다. 하지만 이들은 여전히 등반이 더 좋았고, 등반을 하기 위해 돈을 버는 상황이었습니다. 충분한 이윤이 남지 않는 상황이었기 때문에 이들은 수익을 시급으로 계산해 가져갔습니다. 또 1년에 6개월씩 번갈아 기업을 운영하면서 자신의 차례가 돌아오면 서쪽 해변에서 서핑을 하거나 칠레의 화산에서 스키를 타고, 아르헨티나 파타고니아에 있는 피츠로이산을 올랐습니다.

쉬나드 이큅먼트는 등반쟁이들이 만들었기 때문에, 최대 고객은 자기 자신들이었죠. 그래서 최대한 안전한 방법으로 개발을 했습니다. 그 결과, 매년 매출은 2배씩 늘어나서 떠돌이 등반가들만으로는 감당이 안 되는 상황이 되었습니다. 쉬나드는 한국에서 함께 등반했던 선우중옥을 포함한 한국 등반가들과 멕시코 노동자들을 고용했습니다.

또, 정교한 도구와 기계로 제작을 하기 시작했습니다. 그러다 1970년 쉬나드 이큅먼트는 미국 최대의 등반장비업체가 되었습니다. 1위기는 했지만 사실 이때만 해도 등반 인구가 많지 않았고, 등반 장비의 영업이익률도 높지 않았습니다. 끊임없이 새로운 디자인을 개발하는 바람에 3~5년은 사용해야 감가상각이 나오는 주형은 1년 만에 폐기되었죠. 이렇게 영업

파타고니아

이익이 높지 않은 시장에는 아무도 뛰어들려 하지 않은 덕분입니다.

한편 등반을 계속하면서 쉬나드는 피톤으로 인해 부서지는 암벽을 계속 마주해야 했습니다. 등반의 인기가 높아지면서 볼더 지역의 엘도라도 협곡, 요세미티 계곡과 같은 알려진 루트에는 사람들이 몰렸고 암벽은 망가지기 시작했습니다. 쉬나드는 암벽을 훼손하지 않는 방법을 고민하게 되었습니다. 그러던 중 바위에 망치로 끼워 넣는 방식이 아니라 바위의 작은 틈에 걸어서 쓰는 제품을 발견했습니다. 영국의 등반가들이 험지에서 쓰는 알루미늄 초크chock였죠. 쉬나드는 이 제품을 쉬나드 스타일로 개발합니다. 그리고 카탈로그에 "클린 클라이밍"이라는 개념을 소개합니다. 자연을 훼손하지 않는 방식의 등반이었죠. 그리고 해머를 사용하여 바위를 훼손하지 않아도 충분히 등반할 수 있다는 것을 증명하기 위해, 요세미티에서도 그 어렵다는 엘 캐피탄El Capitan을 초크만 사용해서 완등합니다.

이후 등반의 대세는 바뀌었습니다. 산을 정복하겠다는 '인공 등반'에서 흔적을 남기지 않는 '자유 등반'의 시대로 넘어간 거죠. 그리고 쉬나드 이큅먼트는 등반 장비를 다루는 가장 큰 회사가 되었습니다. 쉬나드는 이제 더 이상 자유로운 영혼이 아니라 자신이 사업가임을 받아들입니다. 쉬나드에게는 가족이 딸린 직원들이 있었고, 차입금은 엄청났으며 그에게 모두의 운명이 달려 있었죠.

등반가의 낙원, 파타고니아

한편, 당시에는 등반용 의류가 따로 없었습니다. 쉬나드는 일상 속에서 가장 적합한 의류를 찾아 등반용으로 입기 시작했는데요. 먼저 산업혁명 때 작업복으로 입던 코듀로이 바지를 입기로 합니다. 촘촘한 골이 직물이 닳거나 찢어지는 것을 막아주었죠. 또, 그는 럭비셔츠를 입기 시작했는데요. 럭비라는 격렬한 운동을 견디도록 튼튼하게 만들어졌으며, 목에는 깃이 있어 장비에 목이 쓸리지 않았죠. 쉬나드의 이런 패션 센스(?)에, 등반친구들은 또다시 구해달라고 하기 시작하고 쉬나드는 본격적으로 의류도 만들기 시작합니다.

한편, 쉬나드가 의류에 뛰어든 데는 사업적인 속셈도 있었습니다. 당시 장비사업은 너무 이윤이 적었기 때문에 이윤을 남길 수 있는 제품이 필요했습니다. 또, 단지 등반가들을 위한 장비만을 취급하는 것이 아닌 더 일반적인 스포츠 영역으로의 확장이 필요했습니다. 그래서 쉬나드는 의류사업에는 '쉬나드 이큅먼트'가 아닌 새로운 브랜드의 이름을 붙이기로 합니다. 그것이 바로 1973년 설립된 '파타고니아'였죠.

파타고니아는 당시 등반가들에게는 언젠가 가보고 싶은 꿈의 지역이었습니다. 쉬나드는 60일에 걸쳐 3,450m의 파타고니아 피츠로이 남서벽을 성공한 바 있는데요. 파타고니아는 남미 최남단에 있는 산악지대로, 아르헨티나와 칠레에 걸쳐 빙하와 사막, 초원을 두루 갖고 있습니다. 쉬나드는 험준한 환경에서도 견딜 수 있는 의류를 만들고 싶었는데 이를 잘 표현할 수 있는 이름이었죠. 또, 어느 언어로도 발음할 수 있었습니다.

한편, 그즈음 미국에서는 '민사상 불법 행위에 관한 법'이 제정되었습니다. 이 법은 스키장, 암벽등반 등의 위험한 스포츠를 하다가 다치면 토지소유자나 제조업체를 고소할 수 있는 법입니다. 그 결과, 제조업체들은 사전에 충분한 경고를 하지 않았다는 이유로 여러 소송에 휘말립니다. 소송은 등반과 관련 없는 일에서도 일어났습니다. 창문 청소부, 배관공, 무대 담당자, 심지어 등반용 로프를 이용해서 줄다리기를 하다가 발목이 부러진 사람까지 소송을 했죠. 게다가 실제로 초보 등반수업에서 쉬나드 이큅먼트의 벨트를 잘못 묶고 사망한 사람이 발생합니다. 쉬나드 이큅먼트는 큰돈을 재무적으로 배상해야 했고, 결국 쉬나드 이큅먼트는 파산보호를 신청합니다.

쉬나드는 등반을 사랑했지만, 장비를 만드는 일에는 회의를 느꼈나 봅니다. 안전하고 마진이 높은 의류사업에 전념하기로 합니다. 쉬나드 이큅먼트는 피터 맷칼프를 비롯한 직원들이 인수합니다. 이들은 회사를 솔트레이크시티로 옮기고 이름을 바꿉니다. 바로 블랙다이아몬드였죠. 지금도 등반 장비계에서는 세계 최고의 위상을 차지하고 있습니다. 자연을 훼손하지 않는 익스트림 스포츠에 대한 블랙다이아몬드의 철학도 너무 멋지기에 언젠가 한 번 소개하고 싶은데요. 아무튼 이본 쉬나드는 이렇게 멋진 회사를 또 하나 낳은 겁니다.

쉬나드 이큅먼트를 정리한 쉬나드는 파타고니아에 더욱 전념합니다. 파타고니아는 극한의 산악 환경에서도 살아남을 수 있는 기능성 의류를 개발했죠. 특히, 폴리에스테르가 획기적이었습니다. 외피를 함께 입는 경우 매우 따뜻했고, 땀이나 비에 젖어도 보온을 유지하면서 빨리 말랐죠. 하지만 폴리에스테르도 건조기에 돌리면 줄어드는 등 취약한 면이 많았기 때문에, 파타고니아는 원단을 끊임없이 개발했습니다. 결국, 표면에 파일Pile이 양털처럼 생기면서도 보풀은 없고 부드러운 플리스 자켓을 개발했습니다. 우리가 파타고니아 양털 자켓이라고 흔히 부르는 파타고니아의 시그니처 의류 '레트로X자켓'은 양털이 아니라 폴리에스테르의 일종인 것이죠.

또, 당시 의류는 황갈색, 황록색이 전부였으나 파타고니아는 코발트, 청록색, 망고색, 산호색과 같은 다양한 색상을 선보였습니다. 1980년대로 접어들면서 파타고니아는 산악인들뿐만 아니라 패션 소비자들에게로 확장됩니다. 파타고니아의 매출은 빠르게 성장했습니다.

지구세 1% for the planet

쉬나드는 등반가로도 엄청난 기록과 위업을 달성합니다. 미국의 초기 등반기록들을 세우곤 했죠. 또, 서핑을 했고 카약을 탔으며 스키를 탔습니다. 전 세계의 대자연을 모두 경험했고 사업을 시작한 이후로도 그의 여행은 계속되었습니다. 그러면서 80년대부터 이미 환경의 파괴를 목도했죠. 아프리카에서는 인구가 증가하면서 숲과 초원이 사라지고 있었습니다. 극지방은 빙하들이 녹고, 숲을 개발하면서 야생동물로 인한 바이러스가 출현했습니다. 산업화는 자연을 가차 없이 헤집었고, 물고기와 야생동물은 줄어들었으며 폭염이 수 주 동안 계속됐습니다. 지금은 모두가 느끼는 이런 변화를 40~50년 전부터 체감했다는 것이 놀랍기도 하고, 그동안 다른 사람들은 아무런 대응을 하지 않았다는 사실도 놀랍죠.

쉬나드 역시 처음에는 소수의 환경운동가가 무엇을 바꿀 거라고 생각지 못했습니다. 그런데 1970년대에 쉬나드는 처음으로 변화를 경험합니다. 친구들과 서핑과 관련된 영화를 보러 갔다가 젊은 서퍼 한 명이 공청회에 참석해달라는 부탁을 해옵니다. 당시 파타고니아 사무실 근처에 바로 벤투라 강이 있었는데 강을 개발하려는 계획에 대한 반대 운동을 하는 단체였죠. 쉬나드와 친구들은 공청회에 찾아갔습니다. 강을 개발하려는 기업들은 이미 강이 오염되었고, 개발을 한다고 해도 추가적인 변화가 없을 거라고 주장했습니다. 그때 한 대학원생이 벤투라 강에서 찍은 사진들을 슬라이드 쇼로 띄웠습니다. 버드나무 사이에서 살고 있는 새들, 물뱀, 강어귀에 알을 낳은 뱀장어의 사진이었죠. 또, 벤투라 강에서 사라진 줄 알았던 무지개송어의 사진을 보여줬을 땐 모두가 환호했습니다. 전문가들이 죽었다고 말했었기 때문이죠.

결국, 개발 계획은 무산됐습니다. 파타고니아는 이 단체인 '벤투라 강의 친구들'에게 기부를 하고, 함께 로비활동을 벌였습니다. 이 활동을 통해 쉬나드는 풀뿌리 환경운동도 변화를 만들 수 있으며 황폐해진 환경도 노력을 통해 복구할 수 있다는 것을 깨닫습니다. 이때부터 파타고니아는 환경단체에 기부를 하기 시작했습니다.

1986년 파타고니아는 수익의 10% 또는 매출의 1% 중 큰 금액을 매년 지역의 환경단체에 기부하기로 합니다. 파타고니아에서는 이를 '지구세'라고 부르는데요. 매출이 떨어질 때도 매년 한 번도 빠지지 않았죠. 2002년 쉬나드는 아예 비영리 단체 네트워크 '1% for the planet'을 만듭니다. 기후climate, 음식food, 땅land, 오염pollution, 물water 그리고 야생 동식물wildlife의 6개 환경 이슈에 집중한 환경캠페인을 해오고 있죠.

기업은 매출의 1%를 기여하는 방식이고, 개인적으로 하는 경우 본인의 급여에서 최소 1%를 기부할 수 있습니다. 2023년 기준으로 누적 기부금은 5억 달러 이상이며 5,700개의 기업이 참여하고, 6,300개의 환경단체를 지원하고 있습니다. 내 급여도 적은데 어떻게 1%를 기부하느냐고요? 파타고니아는 이를 자선 행위가 아닌 당연한 세금으로 바라보고 있습니다. 이미 우리가 일으키는 환경 문제에 대한 책임이 있다는 철학으로 이를 운영하는 것이죠.

우리 재킷을 사지 마세요

파타고니아는 재정적으로 잠시 어려움을 겪었던 90년대 초반을 제외하면 승승장구합니다. 특히 파타고니아가 뜻하지 않게 인기를 얻은 몇 번의 재미있는 계기가 있었는데요. 2008년 금융위기 이후, 골드만 삭스가 복장 규정을 완화하기로 결정합니다. 월스트리트가 달라지고 있다는 개혁의 증거로 캐주얼이 유행하기 시작했죠. 이때 유행한 게 파타고니아 조끼입니다. 금융기업들이 실용적이라고 생각하고 대량으로 구매했고, 파타고니아 로고가 없는 반대쪽에는 금융사의 로고를 넣어 단체복 느낌으로 입기 시작했는데요. 그래서 한동안 월가 사람들을 "파타고니아 조끼를 입은 사람들 Patagonia vested worker"이라고 부르기도 했습니다.

정작 파타고니아는 탐탁지 않았습니다. 자신들은 소비를 조장한 적도 없거니와 레버리지를 일으켜 부를 축적하는 금융

산업과 친한 브랜드는 아니기 때문이죠. 이윽고, 2019년 파타고니아는 조끼에 회사 이름을 넣는 것을 금지하고, '비 코퍼레이션B Corporation'인증을 받은 기업에만 판매하겠다고 선언했죠. 비 코퍼레이션이란 연 매출 1% 이상을 친환경 정책에 투자하는 기업입니다. 그런데 파타고니아 조끼를 아무 기업이나 입을 수 없다는 것을 알게 되자, 사람들은 파타고니아를 더 갖고 싶어 합니다.

그중에서 가장 유명한 광고가 있습니다. 2011년 블랙프라이데이, 파타고니아는 《뉴욕타임스》에 파타고니아 재킷 사진과 광고를 게재합니다. 카피는 그 유명한 '우리 재킷을 사지 마세요 Don't buy this jacket'. 소비자가 지구를 위해 할 수 있는 일은 물건을 덜 사고, 지구를 위해 물건을 오래 사용하는 것이라는 메시지를, 그것도 소비의 정점인 블랙프라이데이에 게재한 거죠.

그로부터 5년 후인 2016년 블랙프라이데이. 이번에는 정반대의 마케팅을 펼칩니다. 블랙프라이데이 당일 매출의 100%를 환경단체에 기부하는 '100% 지구세100% for the Planet'를 선포하면서 '옷을 사라'는 캠페인을 벌인 것이죠. 평소 블랙프라이데이에는 15~20억 원을 판매하던 파타고니아는 이날 100억 원을 판매합니다.

또, 파타고니아의 옷을 가져오면 무상수선해주는 '원 웨어 Worn Wear' 캠페인을 벌입니다. 미국에서만 1년에 4만 건 이상이라고 하는데요. 그만큼 신규매출이 감소할 수 있는데도 아랑곳하지 않죠. 한국에도 가로수길점에서 운영되고 있는 원 웨어 존Worn Wear Zone에는 수십 년 옷을 수선해온 장인이 기다리고 있습니다. 다른 브랜드의 옷도 맡길 수 있으며 품목도 가리지 않습니다. 단순 수선이 아니라 옷을 개조해주는 수준에 이르는데요. 불멍을 하다가 옷에 구멍이 나서 찾아오는 분들에게는 장식용 자수 패치인 와펜을 붙여주거나, 오래된 플리스 자켓은 조끼로 만들어주기도 합니다. 세상에서 하나뿐인 옷으로 변모하는 거죠.

기업 활동 전반에 녹아든 철학

"Don't buy this jacket"을 외친 뒤 매출이 40%나 뛰어오르는 기이한 현상을 보며, 사람들은 파타고니아가 마케팅을 잘한다고 생각했습니다. 환경운동이라는 대의를 내세워 마케팅을 하는 '그린 워싱'을 하는 것이 아니냐고 생각한 거죠. 하지만, 이 기업에 대해 파면 팔수록 파타고니아는 기업 활동 전반에 걸쳐 기업 철학에 진심임을 알게 됩니다. 이본 쉬나드가 직접 쓴 《파도가 칠 때는 서핑을Let my people go surfing》에서는 제품디자인, 생산, 유통, 마케팅, 재무, 인사, 경영, 환경에 이르기까지 이 회사가 어떤 철학을 수립하고 행동했는지 알 수 있죠.

《ESG 브랜딩 워크북》에서 한지인 저자는 ESG란 기업의 모든 활동에 적용되어야 한다고 말하는데요. 이를 마이클 포터가 제시한 '밸류체인 모델'을 기준으로 기업의 활동을 모두 펼쳐놓고, 혹시나 우리의 작은 활동 하나마저 우리의 철학에 위배되지 않는지 검토해야 한다고 말합니다. 많은 기업이 ESG 전략으로 한두 가지 주요 활동을 내세우는 데 반해서, 조용히 우리 기업의 모든 면을 점검하고 검토하는 게 더 중요하다는 것이죠.

그렇기 때문에 파타고니아의 제품은 제작하는 데 오래 걸립니다. 제품디자인에서 테스트를 거쳐 나오기까지 평균 18개월이 걸린다고 하는데요. 그만큼 비용이 많이 들어간다는 소리기도 하지만, 무엇보다도 이런 속도로는 패션계의 재빠른 유행을 따라갈 수 없죠. 하지만 파타고니아는 많이 파는 것보다 좋은 제품을 바른 방식으로 만드는 것이 중요하다고 생각합니다. 패스트패션의 시대에 계속해서 슬로우 패션을 외치는 겁니다.

패션은 실제로 환경을 많이 파괴하는 산업 중 하나입니다. 일찍이 이를 깨달은 이본 쉬나드는 제작의 모든 활동을 친환경적으로 하기 위해 노력합니다. 1993년부터는 플리스 재킷을 재활용 페트병으로 만들기 시작했고요, 1996년부터는 모든 면직 의류를 유기농 목화로 만듭니다. 일반적인 목화 재배를 위해서는 화학물질을 땅에 뿌려 모든 생물을 제거하는데요. 생태계에 치명적인 영향을 입히기 때문입니다. 면직물부터 염색, 또 합성섬유에 이르기까지 파타고니아는 환경에 영향을 최소화하는 방향으로 계속해서 진화해왔습니다.

원료뿐만 아니라 파타고니아 건물에도 친환경 시스템을 도입합니다. 파타고니아 본사의 단열재는 해바라기 씨껍질을 압착한 자재로 만들었고요. 파타고니아 물류센터는 태양열, 풍력 등의 재생에너지로 필요한 전기의 50%를 소화하고 있습니다.

한편, 대의를 위해서 다른 가치가 희생돼서는 안 되겠죠. 파타고니아는 직원들을 위한 복지, 특히 아이들을 위한 보육시설도 매우 훌륭합니다. 엄마들이 다니기 가장 좋은 회사이기도 한데요. 기업의 모든 활동이 뛰어나지는 않아도 열악하지 않도록 계속해서 개선하고 있는 겁니다.

마침내 2022년, 이본 쉬나드는 큰 결정을 합니다. 4조 2천억 원가량으로 평가되는 파타고니아의 지분 100%를 환경보호 비영리 단체에 기부한 겁니다. 의결권이 없는 주식인 98%는 환경단체인 홀드패스트 컬렉티브 Holdfast collective에 돌아가며, 매년 주식에 대한 배당금이 환경 위기 해결을 위한 활동에 쓰게 됩니다. 2%의 의결권 주식은 파타고니아 퍼포즈 트러스트 Patagonia Purpose Trust에 돌아가 파타고니아의 기업 철학을 유지할 수 있는 방향으로 의결권을 행사합니다.

현재 파타고니아는 연 매출이 15억 달러에 달합니다. 하지만 그동안 비상장 회사로 운영해왔는데요. 이본 쉬나드는 상장을 하면 주주들의 이익을 위해서 매년 15%씩은 성장해야 하는데 이러한 맹목적인 성장이 기업에게 좋지 않다고 판단하고 상장하지 않은 겁니다.

    이본 쉬나드는 "지구가 목적이고 사업은 수단"이라고 말합니다. 그리고 파타고니아는 그 말을 기업 활동의 처음부터 끝까지 실천하고 있는 회사입니다. 파타고니아가 다음 세대의 패러다임이 되기를, 기업이 더 거대한 목적을 위해서 지속가능한 경영을 할 수 있기를 기대해봅니다.

파타고니아

이솝 Aēsop

완벽을 추구하는, 타협 없는 제품 철학

1987년 호주에서 시작된 자연주의 화장품 브랜드. 천연 재료를 사용하고, 동물실험과 동물성 재료를 배제한 비건 화장품이다.
제조 과정에서 환경과 윤리에 철저히 따르며, 진정성을 지켜왔다. 광고 대신 지역 특색을 살린 매장에서 고객에게 특별한 경험을 선사한다.

    요즘 제 주변 사람들 사이에 피부과 시술이 화두입니다. 웬만한 화장품은 진피에 도달하지 않는다며, 비싼 돈을 내고 피부과를 찾아 얼굴에 바늘을 잔뜩 두드려 맞기도 합니다. 탄력과 모공을 수축에 도움을 주는 성분을 피부 깊숙이 넣어주는 거라더군요. 피부가 중력을 받아 부쩍 쳐지는 것 같은 요즘, 저도 한번 가서 받아볼까 여러 번 고민을 했습니다.

    그런데 탄력이나 미백과 같은 효과를 전혀 이야기하지 않는 화장품 브랜드가 있습니다. 바로 '이솝'입니다. 이솝의 화장품은 어디에서도 효능을 강조하지 않습니다. 화장품 패키지에는 한결같은 '헬베티카Helvetica' 서체로 성분만 잔뜩 써놓습니다. 그림 하나, 컬러 하나 없습니다. 하다못해 흔한 종이박스도 없죠.

   사실 요즘의 대부분 화장품이 자연주의를 지향하며, 비건 성분과 쓰레기를 줄이는 데 열을 올립니다. 그런데 이 유행의 시작에는 이솝이 있었습니다. 그 전까지 화장품은 비쌀수록 앞다퉈 고급 포장지로 둘러싸고 보충재는 플라스틱으로 사출해서 넣곤 했죠.

   친환경 요소만큼이나 이솝의 메시지는 더 매력적입니다. 건강한 피부를 위해 균형 잡힌 식단, 규칙적인 운동, 와인 한 잔의 여유 그리고 깊이 있는 소설책 한 권을 권합니다. 직접적으로 말하지는 않지만 모든 아름다움은 자신의 내부에 있다는 메시지를 전하죠.

   시술을 받아야 하나 고민하다가도 이솝 제품의 은은한 아로마 향과 함께 이 메시지에 마음이 편안해집니다. 있는 그대로의 내 모습을 사랑해주는 사람을 만난 느낌이랄까요.

자연유래 성분에 대한 집착

데니스 파피티스 Dennis Paphitis 의 부모님은 그리스 태생으로, 호주에서 이발소를 운영했습니다. 데니스 역시 파리와 이탈리아 등에서 헤어 스타일링을 공부하고 돌아와, 스물다섯 살에 자신의 가게를 열었습니다. 1987년 호주 멜버른의 해안가에 오픈한 헤어숍 '이메이스Emesis'. 그리스어로 '우리'라는 뜻이었죠. 이 헤어숍은 아무나 받지 않았습니다. 추천이나 소개로 온 손님과 완벽한 커뮤니케이션을 통해 그의 상태를 이해하고 그에게 최적화된 시술을 제공했죠.

데니스는 주말에 자신을 도와줄 알바생을 구하게 되었습니다. 이때 찾아온 친구가 사회학, 철학, 역사 등을 공부하던 대학생 수잔 산토스Suzanne Santos 였습니다. 사실 데니스도 엄청난 독서광으로 인문학에 깊이 빠져있었는데요. 두 사람은 헤어숍이라는 장소가 무색하게 인문학적 케미를 발휘합니다.

데니스는 당시 사용하던 헤어 제품이 정말 마음에 들지 않았습니다. 암모니아 냄새가 많이 나고, 잘 알지도 못하는 화학물질이 잔뜩 들어가 있었기 때문입니다. 이에 대해 수잔에게 불만을 표하자, 수잔은 데니스에게 제품을 직접 만들어보기를 권합니다. 데니스는 그 길로 화학 전문가를 찾아갔고, 이 문제를 해결하기 위해 연구를 시작합니다.

데니스는 인공합성물이 아니라 식물에서 추출한 에센셜 오일이야말로 건강하고 지속적인 아름다움을 줄 수 있다고 생각했고, 수잔과 이를 공유했습니다. 그들은 각종 컨퍼런스와 클래스를 들으며 함께 에센셜 오일을 공부하기 시작했습니다.

그리고 이를 제품화해줄 연구시설을 찾아 곳곳을 헤맸습니다. 그러다 1987년 LA에서 파트너를 만나게 되었습니다. 그때부터 데니스는 까다로운 그의 기준을 맞추기 위해 호주와 미국을 오가며 모든 것을 쏟아 부었습니다. 방부제를 덜 쓰고, 꼭 유기농 재료를 사용해야 한다고 요구했습니다. 1회분에 들어가는 방부제 수치는 제로에 가까워야 한다고 고집을 부렸죠. 그렇게 탄생한 첫 번째 제품은 에센셜 오일을 첨가한 염색약이었습니다.

에센셜 오일이란 오직 식물의 잎, 줄기, 열매, 꽃, 뿌리, 목피, 씨에서 추출한 화합물입니다. 증기로 증류를 하거나 냉간 압착 등의 방식으로 식물에서 직접 추출하는 거죠. 각 식물의 독특한 향기를 담고 있고, 식물의 치료적 효능을 압축해서 담고 있습니다. 기분을 좋게 하거나 진정시키고, 스트레스를 완화하고 피부를 개선하기도 합니다. 물이 아닌 기름에 녹는 지용성 물질이기 때문에 '오일'이라고 부릅니다.

반면 합성향료는 자연의 향기와 유사한 향을 내는 물질입니다. 에센셜 오일의 경우 대부분 대사되어 인체 외부로 배설되는 반면, 합성향료는 인체에 누적되어 부작용을 유발할 수도 있습니다. 우리가 비슷하다고 느끼는 아로마 오일은 석유화학의 부산물로 만드는 합성향료나 인공적인 합성향료를 포괄적으로 말합니다. 오늘날에는 화장품에 에센셜 오일이 흔하게 쓰이고 있지만 30년 전만 해도 식물성 성분을 활용하는 곳은 거의 없었습니다. 이솝이 뷰티업계에 에센셜 오일 바람을 일으킨 것이죠.

데니스는 화장품 회사들의 과장 광고를 혐오했습니다. 그들은 제품을 바르면 주름이 쫙쫙 펴지고, 피부가 하얗게 되고, 여드름이 사라진다고 말했죠. 그는 고대 그리스의 아이소포스가 지은 우화를 떠올립니다. 아이소포스는 기원전 6세기에 살았던 노예로, 이야기를 잘하는 재주가 있었죠. 훗날 떠돌던 그의 이야기가 책으로 만들어졌는데 그게 이솝 우화입니다. 이솝은 아이소포스의 영어 이름이죠. 이솝의 우화 중에는 허풍을 떠는 '허풍선이 여행자' 이야기가 있는데, 데니스는 화장품 회사들의 허풍을 조롱하고 싶었던 겁니다. 또한, 이솝 우화의 교훈인 겸손과 정직의 아름다움을 전하고 싶었죠.

지금도 이솝은 신제품을 내놓기까지 평균 2년 정도 걸립니다. 자외선 차단 기능이 있는 크림을 만드는 데는 10년이 걸렸습니다. 동물실험을 하지 않으면서도 엄청난 검증을 하고 인증을 받기 때문에 더 느립니다. 유행이 빠르고 새로운 제품이 계속 나오는 뷰티업계에선 엄청나게 느린 거죠. 하지만 이렇게 만들어진 제품 중에는 30년이 다 되도록 꾸준히 사랑받고 있는 것이 많습니다.

대표적으로 1990년에 탄생한 '레저렉션 아로마틱 핸드 밤'은 친구의 불평으로 시작했습니다. 데니스는 어느 날 우연히 어릴 적 친구를 만났습니다. 그녀는 네일 아티스트가 되어 있었죠. 데니스는 그녀에게 헤어숍에서 기다리는 고객들에게 네일 서비스를 해달라며 일자리를 제안합니다. 고객들은 이 서비스를 너무 좋아했고, 기꺼이 대기했죠. 그런데 얼마 지나지 않아 그녀는, 데니스가 숍에서 쓰는 헤어 제품들처럼 에센셜 오일로 만든 좋은 핸드케어 제품으로 서비스하고 싶다고 불만을 토로합니다.

데니스는 즉흥적으로 아몬드, 오렌지, 만다린, 라벤더, 로즈마리 추출물로 독특한 블렌드를 만들어냅니다. 이 제품은 매혹적인 향기도 나고, 수분도 충분히 공급했죠. 하지만 문제는 유분기가 너무 많아 손이 번들거렸습니다. 데니스는 오일을 크림으로 바꾸고 수분을 강화하기 위해 당근과 밀배아오일 Wheat germ oil, 비타민E 등을 추가해봤습니다. 이렇게 탄생한 게 바로 레저렉션 아로마틱 핸드밤입니다. 물론 상용화되는 과정에서는 생화학자의 도움을 받았습니다.

당시 패키지도 지금과 거의 흡사한데요. 30년째 베스트셀러로 사랑받고 있습니다. 한국에서는 한동안 '카카오톡 선물하기'로 엄청난 인기를 누렸죠. 이 제품은 이솝이 헤어제품 뿐만 아니라 더 많은 제품 라인으로 확장하는 계기가 되었습니다.

이솝의 전 제품은 식물성 추출물과 과학적으로 입증된 최소한의 화학성분을 사용하고 있습니다. 반드시 효능과 안정성이 입증된 성분만을 사용합니다. 많은 성분을 함유하는 것보다 더 적은 재료로 효과를 만들어내는 것이 중요하다고 믿고 있죠.

이솝

이윤보다 지구에 기여하기

이솝의 목표는 제품, 스토어, 고객과의 관계를 통해 세상에 긍정적 변화를 가져오는 것입니다. 개개인을 존중하고, 진실성으로 업무에 임하며, 지역사회에 공헌하고, 환경에 미치는 영향을 줄이는 것이죠. 기업의 목표라고 하기에 다소 추상적이고, 마치 사회단체의 비전같습니다. 하지만 이솝은 설립 이래 이 목표를 계속 달성해오고 있습니다. 심지어 오늘날처럼 ESG가 유행처럼 몰려오기 훨씬 전부터 아주 꾸준히 해왔죠.

이를테면, 전 세계에서 화장품에 대한 동물실험이 금지되기 훨씬 전부터, 이솝은 동물실험을 하지 않았습니다. 동물실험이란 화장품 원료가 무해한지 알아보기 위해 토끼, 쥐와 같은 작은 체구의 동물에 실험하는 것입니다. 그런데 그 실험이 매우 잔인해 안구와 같은 약한 부위나, 발이 닿지 않는 곳에 일부러 상처를 내고 제품이 유해한지 실험합니다.

우리나라에서만 아직도 연간 488만 마리의 동물들이 동물실험의 희생양으로 고통스럽게 죽어 가고 있습니다. 이솝은 이러한 동물실험을 대체할 수 있는 대체 방안을 찾고, 안전성을 검증했죠. 비용도 시간도 2배가 걸리는 일이었습니다.

또, 동물성 성분도 전혀 쓰지 않았습니다. 화장품에 들어가는 동물성 성분으로는 동물의 지방에서 추출한 글리세린, 동물의 피부와 조직에서 추출한 콜라겐, 꿀벌이 만든 꿀과 벌집

왁스 추출물, 우유나 산양유에서 추출하는 카제인 등이 있습니다. 요즘은 이런 동물성 재료를 쓰지 않는 비건 화장품이 많아졌는데요. 이솝은 처음부터 식물성 재료를 고집해왔습니다.

이솝이 이를 지키기 위해서는 공급업체까지 관리해야 했습니다. 이솝은 윤리적 소싱 프로그램을 만들어 재료를 조달했습니다. 환경에 책임을 다하고, 안전한 작업 환경을 제공하며, 근로자를 존엄성과 존중으로 대우하는지 검토하는 것이죠.

한편, 이솝은 제품뿐만 아니라 포장에도 신경을 써왔습니다. 80년대에 첫 제품을 출시할 때조차 쓰레기를 줄이기 위해 노력했죠. 그래서 제품 용기를 외부상자에 담지 않았습니다. 제품설명서를 과감히 빼고 제품에 대한 설명을 라벨에 적었죠. 모든 인쇄물은 콩기름 잉크를 사용했습니다.

대신 필요한 경우에만 60%의 재활용 면과 40%의 오가닉 면으로 만든 파우치에 담았습니다. 고객이 다른 용도로 재활용할 수 있도록 한 겁니다. 오늘날 온라인으로 배송할 때 사용하는 박스는 100% 재활용 파이버보드(섬유, 석면, 유리 섬유 등의 섬유질 재료를 압축, 성형하여 만든 널빤지)로 만듭니다.

이솝의 용기는 대부분 유리보다 플라스틱이 많습니다. 언뜻 친환경적이지 않아 보일 수 있지만, 실제로는 플라스틱 용기가 유리에 비해 탄소 배출량이 적기 때문이죠. 이솝이 사용하는 플라스틱은 97%의 가정용 플라스틱 폐기물로 만들어집니다. 이솝은 2025년까지 패키지 100%를 재사용, 재활용 및 용해가 가능한 소재로 바꾸겠다고 했는데요. 유리 용기의 경우 매장에 있는 리필 스테이션에서 회수하여 세척 후 재사용합니다.

2021년부터 호주 이솝에서는 리필 스테이션에 사용한 유리병을 가져오면 더 저렴한 가격에, 다른 세척된 병에 제품을 담아갈 수 있습니다. 한국에도 도입할 예정이라고 하죠. 또, 이솝의 시그니처인 알루미늄 튜브의 경우 무한정 재활용이 가능합니다. 분리수거가 쉽도록 최대한 내용물을 짜서 쓰고 매장에 갖다주면 됩니다.

이솝은 기후 변화에 대응하기 위해 온실가스 배출 '제로'를 목표로 삼고 있습니다. 2018년에는 호주 사업장에서 '탄소중립인증'을 받았는데요. 원자재 제조부터 제품을 폐기하는 과정까지 탄소를 배출하지 않도록 개선하고 있죠.

광고 대신 공간에 투자하는 이솝

이솝의 가장 재미있는 전략은 '공간'입니다. 대부분의 브랜드는 세계 어느 매장을 가나 일관된 분위기를 유지하죠. 하지만 이솝의 매장은 백이면 백, 모두 다른 특색을 가지고 있습니다. 지역을 가장 잘 살릴 수 있는 소재와 구조를 갖추고, 주변과 조화롭게 만들죠. 물론 백화점에 입점하는 경우는 어렵기 때문에, 외부 매장에 '시그니처 매장'이라는 이름을 붙여 특색을 부여합니다.

이솝이 처음부터 오프라인 매장에 주력했던 건 아니었습니다. 오프라인 첫 매장은 헤어제품을 출시하고 15년이 지난 후에야 오픈했습니다. 첫 매장은 멜버른이었는데, 주차장과 이어진 비탈길에 있는 작은 지하였습니다. 열악한 위치적 조건을 잘 살려서 매장을 인테리어 했더니, 오히려 이 전략은 이솝에 건축과 디자인의 방향성을 가져다주었죠. 주변의 환경과 지형지물을 잘 살려 "모든 매장은 달라야 한다."라는 방침을 갖게 된 겁니다.

이솝은 매장 근처에서 구할 수 있는 재료를 인테리어에 적극적으로 반영했습니다. 프랑스 파리에 있던 이솝 매장은 파리에 있던 파이프 뚜껑을 모아 만들었습니다. 골목에서 친숙하게 볼 수 있는 파이프를 재활용하여 진열대를 만든 거죠. 매장에서 눈을 사로잡았던 커다란 세면대 또한 커다란 파이프 뚜껑이었습니다.

또, 뉴욕 매장은 거대한 회색 재료로 벽과 가구를 채웠습니다. 이 재료는 바로, 〈뉴욕 타임스〉 신문지였습니다. 총 2,800부의 신문을 쌓아 만든 패널 40만 개를 종이 벽돌처럼 활용했습니다. 언뜻 봐서는 회색 대리석 같지만 종이 재질이 낡으면서 뉴욕 매장만의 고유한 색상을 만들어주고 있죠.

한국에도 많은 매장이 있습니다. 가장 먼저 생긴 가로수길 매장과 한옥의 아름다움을 살린 서촌 매장, 파란 바다를 보면서 파랗게 연출한 부산 매장도 핫 플레이스입니다. 그중에서도 이솝 제주 매장은 제주도 해녀의 잠수 폐기물을 활용해 구조물을 만들었습니다. 오렌지 색상의 네오프렌 시트를 쌓아올려서 재료로 쓴 것이죠. 또 해녀가 사용하는 낚시 장갑은 질감을 살려 매장 의자의 좌석으로 재활용 하였습니다.

이렇게 모든 매장은 각양각색이지만 한 가지 공통점이 있습니다. 바로 가운데에 세면대가 자리 잡고 있다는 것이죠. 이솝에서는 이걸 싱크데모Sink Demo라고 합니다. 데니스는 고객들이 제품을 마음껏 써봐야 한다고 생각했습니다. 여러 제품을 써보려면 닦아낼 필요도 있었기 때문에 매장의 한가운데 둔 것이죠. 고객이 들어오면 직원이 고객의 피부 컨디션을 듣고 적합한 두어 가지 제품을 추천하는데요. 이를 매장에서 바로 테스트해보고 손을 씻을 수 있는 겁니다.

이솝 매장의 또 다른 중요한 요소는 제품의 디스플레이입니다. 매장은 장식 없이 깨끗하게 유지하고, 선반에 제품을 잔뜩 쌓아 오와 열을 맞추어 나란히 보이도록 했죠. 조도는 낮추었습니다. 제품이 정렬되어있는 것만 보아도 사람들은 심리적인 안정을 느끼면서 제품에만 집중할 수 있었습니다. 데니스의 결벽적인 성격과 함께 아티스트적 취향이 느껴지는 대목입니다.

이렇게 매장마다 주변의 환경에 맞는 다양성과 재미를 부여하고, 이솝만의 정갈함을 추구한 매장 인테리어는 그 자체로 큰 볼거리가 되었습니다. 사람들은 앞다퉈 이솝의 시그니처 매장을 방문하고 이를 리뷰하는 콘텐츠를 만들어 올렸습니다. 그 결과, 이솝은 광고를 전혀 하지 않고도 대중에게 브랜드를 알릴 수 있는 효과를 얻었죠.

취향이 고급인 친구

이솝의 직원들은 '컨설턴트'라고 불립니다. 때로 다른 고객이 기다리더라도 양해를 구한 후, 한 고객과 1:1로 그의 고민을 천천히 듣고 끝까지 친절하게 응대하기 때문인데요. 전 세계의 이솝 시그니처 매장의 컨설턴트들은 고객들에게 근처의 맛집이나 미술관, 전시관 등 예술에 대해 추천할 수 있도록 교육 받습니다. 낯선 도시로 여행 갔을 때 어디 갈지 모르겠다면, 이솝 매장을 방문해서 시그니처 매장의 디자인도 구경하고, 주변의 갈 만한 곳을 추천받는 것도 좋죠.

 이뿐만이 아닙니다. 데니스는 "좋은 책을 읽으며 행복을 느끼는 것은 스킨케어를 받는 것만큼 건강한 일이다."라고 말할 정도로 책과 아름다움을 연결해서 이야기했습니다. 작은 가게에 있을 때부터 단골 고객들에게 책을 선물하고, 격월로 문학집을 발행하기도 했습니다. 이솝의 매장과 온라인 스토어 여기저귀에는 작가들의 명언이 적혀 있습니다. 인문학적 취향이 녹아 있는 것이죠.

 2023년, 이솝은 한남동과 가로수길 매장을 라이브러리로 꾸몄습니다. 선반을 향수와 화장품 대신 책으로 가득 채운 건데요. 여성 작가 14인을 선별하여 그들의 책을 대량으로 구매해놓았습니다. 누구나 들어와서 책을 읽다가 나갈 수도 있고, 원하면 이솝 향수를 뿌린 책을 선물 받을 수 있었죠. 여성 작가들의 작품 활동을 격려하기 위한 활동이었습니다. 이날 무료로 제공한 커피도 아프리카의 여성 농부들이 재배한 원두로 만들었습니다.

 지금도 이솝 사이트의 '읽기' 메뉴에 들어가면 '3분 독서', '1분 독서'와 같은 읽을거리를 만날 수 있는데요. '이솝의 사운드'라는 아티클은 이런 글로 서두를 엽니다.

> 약 10년 전, 피부 세포에도 귀에 있는 것과 유사한 소리 수용체가 있다는 흥미로운 과학적 발견이 있었습니다. 말 그대로 피부가 '소리를 들을 수 있다'라는 이 발견은 이솝 경험을 형성해온 신념, 바로 상황에 어울리는 사운드스케이프가 공간에 맞는 향기나 특정 피부 타입에 적합한 제품만큼이나 중요하다는 믿음이 옳다는 것을 입증했습니다. 모든 요소는 특정한 환경과 조화를 이루며 더 나은 환경을 조성함으로써 몸과 마음을 보살핍니다.

그리고 월요일을 위한 음악, 일하면서 듣기 좋은 음악, 환대를 위한 음악, 목욕을 위한 음악, 깊은 밤을 위한 음악까지 플레이리스트를 제공합니다. 어디에도 이솝의 제품 이야기는 없습니다. 취향이 고급인 친구를 만난 것처럼 그저 끄덕이며, 이솝의 추천 음악을 한 번씩 들어보게 되는데요. 이솝은 자기들의 제품을 직접 말하기보다 문화와 예술, 철학 속에 녹여 말하는 방식을 택했고, 그것이 고객의 마음을 흔든 겁니다.

나투라앤코에서 로레알까지

사실 데니스 파피티스가 운영하는 동안 이솝은 점진적으로 성장했습니다. 만약 그저 빠르게 성장하고 세계적으로 시장을 확장했다면, 아마도 이런 철학을 유지하기가 쉽지 않았을 겁니다. 그러다 2013년, 이솝은 브라질의 한 화장품 기업에 인수됩니다. 바로 '나투라Natura'였죠.

1969년 설립된 나투라는 1974년부터 직접 판매를 채택하며 성장한 기업입니다. 나투라 역시 환경에 뼛속까지 진심입니다. 창업자인 안토니우 루이즈 세아브라Antônio Luiz Seabra는 "화장품을 개인과 사회, 자연이 건전한 관계를 맺도록 촉진하는 수단으로 사용한다."는 목표를 세웠습니다. 브라질어로 벰 에스타 벰Bem estar bem 즉, 건전한 웰빙이라고 표현했죠. 1980년대부터 이미 지속가능성에 초점을 맞춘 리더십 체계를 갖추고 매년 '환경 손익계산서'를 발표했습니다.

나투라는 1983년부터 리필 패키지를 사용해 탄소 배출량을 줄였고, 1995년부터는 수익금을 모두 공교육에 기부하는 제품 라인을 따로 선보였죠. 또 2000년에는 재활용 가능한 포장재와 생물 다양성 재료를 사용한 제품 에코스Ekos라인을 선보입니다. 생물다양성과 동물 복지, 환경보호의 중요성을 강조했고, 아마존 지역에서 자연적으로 추출한 재료를 구매해서 소규모 생산업체들과 지속 가능한 비즈니스 모델을 만들었습니다. 이들이 보호한 우림은 약 450만 에이커(18,000km²)에 해당한다고 합니다. 그 결과 유엔 지구환경 대상과 세계 기후 행동상 등 수많은 상을 받았죠.

오늘날 너무나 당연하게 많은 기업들이 추구하고, 또 내세우고 있는 가치를 나투라는 이미 80년대부터 지속적으로 해온 겁니다. 회사의 존재가 이윤추구가 아니라 지속가능성이라는 안토니우의 생각은 데니스 파피티스가 추구하던 바와 일맥상통했고 데니스는 이솝 지분의 60%를 나투라에 매각합니다. 그리고 이솝은 매출이 10배로 성장하죠.

나투라는 이솝을 성장시키는 동시에 2018년에는 로레알L'Oréal 소속이었던 더바디샵The Body Shop을, 2019년까지 미국 기업이었던 에이본프로덕츠Avon Products를 인수합병하며 세계 4위 화장품 기업으로 거듭납니다. 에이본프로덕츠는 1886년 미국에서 출발한 화장품 기업으로 한때 암웨이(Amway)보다 큰 매출을 자랑했으나 무리한 투자로 인해서 시장에 나오게 되었습니다.

그중 북미 사업권을 가진 뉴에이본은 LG생활건강이 인수했고, 나투라는 2019년 나머지 권역을 가진 에이본을 가져왔습니다. 에이본 매출이 상당히 컸기 때문에 회사의 덩치는 커졌고, 인수한 이듬해부터 나투라의 매출은 2배로 뛰었습니다. 사명도 나투라에서 나투라앤코(Natura&CO)로 바꾸게 되었죠.

하지만 최근 팬데믹과 우크라이나 전쟁, 인플레이션이 연이어 이어지면서 나투라앤코의 재무구조는 급격히 악화됐습니다. 하는 수 없이 나투라의 초반 성장을 견인했던 이솝을 매각하게 되었죠. 이솝은 나투라앤코 매출의 8% 가량을 담당하고 있었습니다.

한편, 로레알은 고가 화장품 시장을 노려 왔습니다. 특히 이솝은 중국의 고가 화장품 시장을 공략하기에 매우 적합한 브랜드였죠. 이솝의 인수전에는 루이비통모에헤네시(LVMH)까지 뛰어들면서 매우 치열했습니다. 결국 로레알은 이솝을 현재 매출에 비해 높은 몸값이라고 평가받는 3조 3,000억 원에 인수했습니다.

로레알이 이솝을 인수했다는 이야기에 이솝이 계속 철학과 결을 이어나갈 수 있을지 우려의 목소리가 들리기도 합니다.

그러나 이솝이 그동안 견고한 철학과 이를 뒷받침하는 시스템을 구축해 온 만큼 팬들은 여전히 브랜드에 대한 지지를 보내고 있습니다.

이솝은 2030년까지 자선사업에 최소 4,000만 호주 달러를 기부하겠다고 공약했습니다. 그리고 이솝의 웹사이트에는 자신들의 철학과 해야 할 일, 하고 있는 일 그리고 기부금을 앞으로 어떻게 쓸지 명확하게 선언해두었습니다. 이솝이 어디에 가치를 두고 있는지 알 수 있죠. 막연하게 좋은 기업이라고만 생각했던 이솝은 최근 화두가 된, 그러나 다시 또 시들해진 ESG 철학을 꾸준히 그리고 묵묵히 기업 활동 전반에서 실천하고 있었습니다.

사실 이솝의 고가와 고급스러운 분위기로 인해, 소비자 심리에 약간의 허영이 깃들어있다고 생각했었는데요. 이솝이 추구하는 가치를 속속들이 알고 나니 저 또한 더욱 소비욕구가 샘솟았습니다. 데니스가 의도했던 하지 않았던, 참 영리한 전략이라고 생각합니다. 이제 소비자들은 귀신같이 좋은 일 하는 브랜드를 알아보고, 선뜻 지갑을 여니까요. 좋은 기업 그 자체가 굉장한 광고가 되는 세상인 것이죠.

치폴레
Chipotle Mexican Grill

Z세대가 맥도날드 대신
선택한 패스트푸드

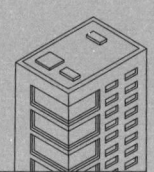

미국식 멕시칸 푸드 프랜차이즈. 주 메뉴로 부리토와 부리토볼을 제공하며, 고객이 원하는 재료를 직접 선택할 수 있다. "진정성 있는 음식"을 사명으로 삼고, 동물복지를 고려한 농장과 거래하며 신선한 재료를 위해 지역 농가에서만 조달한다. 외모와 건강을 중시하는 Z세대에게 특히 사랑받는 브랜드로 손꼽히고 있다.

이번에 소개하는 기업은 아마 생소한 분들이 많을 겁니다. 아쉽게도 한국을 비롯한 아시아에는 아직 들어오지 않았기 때문이죠. 하지만 미국을 방문하게 된다면, '인앤아웃 버거In-N-Out Burger'와 함께 이 매장을 한 번쯤 꼭 가보게 될 겁니다. 미국의 멕시칸 푸드 브랜드 '치폴레'입니다. 타코와 부리토, 과카몰리와 나쵸칩을 먹을 수 있는 매장이죠.

 2015년 미국을 처음 찾았을 때, 음식만큼은 딱히 인상 깊은 게 없었습니다. 유일하게 치폴레를 맛보고 너무 맛있어서 '왜 한국에 안 들어왔지? 내가 들여오고 싶다!'라며 검색해본 기억이 생생합니다. 검색을 해보니 이미 같은 생각을 하는 많은 사람이 치폴레의 도입이 시급하다고 호소하고 있었죠. 특히 미국 유학생 10명 중 8명이 가장 그립다고 하는 맛으로 치폴레를 꼽기도 했습니다.

하지만 미국 밖에서 만나보기 어려운 이유는 아마도 재료 조달 문제인 것 같습니다. 인앤아웃 버거와 마찬가지로 치폴레는 매장 인근의 로컬 생산지에서 신선한 재료를 조달하는데 핵심이 있습니다. 단지 거리의 문제가 아니라, 동물 복지와 윤리적으로 길러진 재료의 수급에 힘쓰고 있죠. 그래서 치폴레는 패스트푸드보다 가격이 비싼데도, 사람들은 기꺼이 이를 지불합니다. 그만큼 먹거리 안전에 대한 중요성이 높아졌다는 방증이겠죠.

참고로, 같은 멕시칸 푸드이자, 미국 패스트푸드 순위 4위인 타코벨의 매장은 7,000여 개, 치폴레의 매장은 3,500개로 규모의 차이가 있습니다. 연 매출 역시 타코벨 138억 달러(약 18조 4000억 원), 치폴레가 86억 달러(약 11조 4800억 원)로 큰 차이가 납니다. 그러나 치폴레의 시가총액은 737억 달러(2024년 3월 기준)로 타코벨과 KFC, 피자헛을 운영하는 얌 브랜즈Yum! Brands의 시가총액 380억 달러보다 2배 가까이 높습니다. 그만큼 성장세가 무섭고, 미국이 가장 주목하는 F&B Food & Bakery 브랜드 중 하나입니다. 아직 해외 진출을 적극적으로 하지 않았다는 점도 잠재된 기회입니다. 도대체 왜 이렇게까지 치폴레의 열기가 뜨거운 것인지 한번 살펴보겠습니다.

치폴레

맞춤형 패스트 캐주얼 다이닝

치폴레의 창업자 스티브 엘스Steve Ells는 콜로라도 대학교에서 문학을 전공했습니다. 그리고 요리를 너무 좋아한 나머지 미국요리학교CIA, Culinary Institute of America에 들어갔고 대학 졸업 후 샌프란시스코의 미쉐린 스타 레스토랑에서 2년 동안 일하며 경력을 쌓았습니다.

이때 자신의 창업 아이템으로 마음에 품은 것이 타코와 부리토였습니다. 그리고 요식업에 대한 그만의 철학을 정립하는데요, 패스트푸드라고 해서 품질이 낮을 필요가 없고, 맛있다고 해서 꼭 비쌀 필요가 없다는 것이었죠. 마음의 준비가 된 그는 1993년, 아버지에게 85,000달러를 빌려 자신이 졸업한 콜로라도 대학교 근처에 멕시칸 푸드 매장 '치폴레'를 엽니다.

치폴레는 아즈텍 언어로 '훈제시킨 후 말린 할라피뇨'를 가리킵니다. "치포틀"이라고 읽는 게 더 정확하다고 해요. 아즈텍 언어를 쓴 건 멕시코를 연상시키기 위해서였죠. 타코는 멕시칸 이민자들이 퍼뜨린 음식입니다. 하지만 오늘날 미국에서 많이 먹는 타코는 실제로 멕시코에서 먹는 것과는 다르다고 합니다. 멕시코 오리지널 스타일은 맵고 강한 반면, 미국식은 치즈도 많이 넣고 달아서 좀 더 햄버거에 가깝죠. 당시에도 타코를 서서 먹는 '타코 스탠드'는 오늘날 동네 카페만큼이나 많았습니다. 또, 그때나 지금이나 멕시칸 푸드 카테고리에는

1962년 오픈한 타코벨이 절대 강자로 자리하고 있죠.

하지만 치폴레가 타코벨과 다른 점은 고객들이 직접 재료를 선택하고 만들어지는 과정을 볼 수 있다는 겁니다. 공장의 조립 라인처럼 주문대를 따라가면서 토르티야를 고르고 여기에 콩, 쌀, 고기, 야채, 살사소스까지 선택할 수 있죠.

사실 이 방식은 1965년 시작한 '서브웨이subway'의 샌드위치가 원조인데요. 초창기에 서브웨이가 매장을 열었을 때, 직원이 샌드위치를 만드는 동안 돈을 안 내고 탄산음료만 훔쳐서 도망가는 도둑을 방지하기 위해 고안된 방식이라고 합니다. 도난을 막기 위해 고객과 시선을 마주하면서 주문을 받은 방식이 도리어 히트를 친 거죠. 하지만 자기 입맛대로 재료를 선택할 수 있는 이 방식은 30년이 지나, 타코에 적용했을 때도 인기를 끌었습니다.

한편, 포지셔닝도 달랐습니다. 치폴레의 가격은 패스트푸드보다 높지만, 캐주얼 레스토랑보다는 저렴했어요. 카운터에 가서 주문을 하는 방식으로 회전율은 매우 빨랐지만, 매장의 분위기는 패스트푸드 매장보다는 아늑하고 레스토랑처럼 쾌적했습니다.

또 신선한 재료를 사용했고, 모든 재료에 칼로리가 적혀 있었기 때문에 다이어트를 하는 젊은 층이 선호했습니다. 그 결과, 매장을 오픈한 지 한 달 만에 하루 1,000개씩 팔렸고, 2년 후에는 2호점을 내면서 차근차근 체인점을 점차 늘려갔습니

치폴레

다.

　1999년, 스티브는 한 잡지를 읽다가 공장식 사육시설Factory Farm에 대한 기사를 발견했습니다. 이곳에서 돼지는 움직일 수도 없는 좁은 우리에서 스트레스를 받으며 사육되고 있었죠. 게다가 돼지에게 화학 사료를 먹이고 항생제를 투여하는데, 항생제에는 영양분 흡수를 돕기 위한 성분이 들어 있어 성장을 촉진합니다.

　최근 연구 결과에 따르면, 항생제를 맞은 가축을 인간이 섭취하면, 인간의 면역체계가 무너지고 항생제에 내성이 생기는 박테리아가 출현할 수 있다고 합니다.

　이를 알게 된 스티브는 치폴레의 비전으로 "Food with Integrity", 즉 진정성 있는 음식을 선언합니다. 좁은 우리에 갇혀서 항생제를 맞으며 성장하는 고기가 아니라, 자연 방목하고 짚이 쌓인 헛간에서 잠을 자는 동물만 쓰겠다고 선언했죠.

　이에 부응하는 개별 농가들을 중심으로 공급 체인을 새롭게 구축합니다. 또 신선한 재료를 조달하고 지역경제에 기여하기 위해 매장에서 350마일(약 560km) 이내에 있는 농가에서만 구입하기로 합니다.

　한편 치폴레는 이러한 정책을 제품과 매장의 곳곳에서 안내했습니다. 컵이나 냅킨에 이런 문구를 적었죠.

"사람들은 레스토랑이 자연에서 방목한 고기만 쓰는 게 불가능하다고 생각합니다. 그런 고기를 찾기 쉽지 않고, 비싸니까요. 하지만 우리는 그들이 '치폴레'를 모르기 때문이라고 생각합니다."

"이 냅킨은 전생에 전기세 명세서 또는 주차티켓이었을 수 있습니다. 표백하지 않은 종이로 만들었으며, 90% 재활용됩니다."

이렇게 신선하고 건강한 재료와 윤리적인 방식, 친환경 정책을 강조하다 보니 비용은 올라갔고, 자연스레 가격도 비싸졌습니다. 하지만 먹는 것에 진심인 치폴레의 메시지에 동의하는 고객들이 치폴레를 계속 찾으면서, 매출도 따라서 오르게 되었죠.

치폴레가 13개 매장만 운영하던 1998년, 프랜차이즈 업계 1위 맥도날드가 치폴레에 5,000만 달러(약 600억 원)를 투자합니다. 이후 2005년까지 맥도날드는 3억 4,000만 달러(약 4,080억 원)를 누적 투자하여 치폴레의 지분 90% 이상을 확보합니다. 치폴레는 이를 계기로 사업을 확장할 수 있었고, 2005년까지 전 미국에 500개 이상의 매장을 오픈합니다. 치폴레가 상장하던 2006년, 맥도날드는 모든 지분을 처분하는데요. 총 투자액 대비 약 4.2배(15억 달러)의 수익률을 달성합니다.

치폴레

진정성과 배신감

한 허수아비가 크로우푸드라는 회사에 노동자로 취직합니다. 겉에는 농장 벽화가 그려져 있지만, 문을 열고 들어가 보니 커다란 공장이었죠. 머리만 내놓은 채 기계 안에 갇혀 오로지 우유만 생산하는 소, 이상한 주사를 맞은 후 몸집이 불어난 닭이 자라고 있었습니다. 이 사실을 모르는 사람들은 공장에서 나온 고기와 우유를 맛있게 먹는데요. 무언가 잘못됐다는 것을 느낀 허수아비는 직접 재배하고 수확한 음식으로 건강한 요리를 선보입니다. 가게에는 '세상을 더 나은 곳으로 경작합니다.Cultivate a better world'라고 써붙였습니다.

이 애니메이션은 치폴레가 만든 〈허수아비Scarecrow〉입니다. 2014년 칸 광고제에서 그랑프리를 받았죠. 이에 앞서 2011년에는 〈처음으로 돌아가자Back to the start〉 애니메이션을 선보였는데요. 공장화된 농업의 폐해를 이슈화시키고 처음으로 돌아가 모든 재료를 자연 그대로의 것으로 제공하자는 메시지를 전하고 있죠.

한동안 미국에는 '핑크 슬라임Pink slime 논쟁'이 있었습니다. 핑크 슬라임은 고기의 살과 지방을 분리하고 남은 찌꺼기에 박테리아 증식을 억제하기 위해 암모늄 수산화물을 첨가해 만듭니다. 그런데 이 암모늄 수산화물이 비료, 청소 세제 등에 사용되는 화학약품이라고 하죠. 패스트푸드 업체들은 이를 햄버거 패티와 치킨 너겟의 원료로 사용해왔습니다.

그런데 그동안 쉬쉬하며 사용해왔던 이 불량한 음식이, 2011년 영국 출신 셀럽 요리사인 제이미 올리버Jamie Oliver를 통해 알려졌고, 하루아침에 사회적 트라우마로 발전합니다. 이 논란과 더불어 '슈퍼사이즈 미Supersize Me'처럼 패스트푸드의 현실을 고발하는 다큐멘터리도 다수 나오면서 먹거리 안전에 대한 사회적 논의로 확산되었습니다. 이러한 맥락 속에서 치폴레가 공장형 농장을 고발하는 영상을 선보이자 치폴레에 대한 신뢰는 증가합니다.

하지만 믿을 만한 음식의 대명사였던 치폴레가 2015년부터 여러 가지 사고를 일으키기 시작합니다. 캘리포니아에서는 고객과 점원 98명이 노로바이러스에 감염됐고, 미네소타주에서는 64명이 식중독에 걸렸습니다. 2017년에는 매장 천장에서 쥐가 떨어지기도 했죠.

그동안 "우리는 식품에 진정성이 있어."라고 얘기해왔던 치폴레가 여러 번 식품 위생 사고를 내니 소비자들은 실망하기 시작했습니다. 언론은 "치폴레는 끝났다."라고 보도했고, 사람들은 치폴레의 식품 정책이 부메랑이 되었다고 말했습니다. 양심적이고 친환경적인 먹거리를 들먹이는 것이 그저 마케팅 술수였다고 비판하기 시작했죠.

이 위기를 타개하고자 치폴레는 730억 원어치의 부리토 공짜 쿠폰을 배포했지만, 매출은 계속 떨어졌습니다. 2015년부

치폴레

터 2017년까지 주가는 63% 떨어졌죠.

사실, 문제의 주된 원인은 "로컬에서 재배된 신선한 재료를 사용한다."라는 방침이 쉽지 않았기 때문입니다. 원재료의 재배나 운송과정이 복잡하기에 식품안전 관련 사고에 취약하고 공급망이 복잡해지면서 연이은 사고가 일어났던 거죠.

2018년 2월, 브라이언 니콜Brian Niccol이 CEO로 영입됩니다. 브라이언 니콜은 프록터 앤 갬블The Procter & Gamble Company에서 프링글스의 맛 개발에 일조했고, 외식 프랜차이즈 얌 브랜즈에서는 피자헛에 이어 타코벨까지 살려낸 장본인이었습니다. 경쟁사인 타코벨에서 치폴레로 스카우트된 것이었죠.

브라이언은 일부 임원진만 남기고 경영진을 전면 교체합니다. 브라이언은 치폴레가 이렇게 망가진 것은 본질을 잃어버렸기 때문으로 보았습니다. 할인이나 무료 쿠폰을 나눠주는 것으론 회복될 수 없다고 보았죠. 원래 사람들이 사랑했던 치폴레로 돌아가야 했습니다.

먼저, 위생과 관련한 문제를 철저히 해결했습니다. 위생검사를 통해 당시 1,700개의 매장 중 100개 지점을 폐점했죠. 또, 매장 5~6곳을 하나로 묶어 재료 유통을 관리했습니다. 기존의 식자재 조달 원칙을 지키면서도, 그 과정에서 오염이 일어나지 않도록 식자재 관리 방식을 변경했죠. 또, 추첨을 통해 뽑힌 고객들과 함께 로컬농장에 방문하는 이벤트를 지속적으로 벌이면서 안전하다는 것을 강조했습니다.

두 번째는 메뉴를 다변화합니다. 1993년 창업 이래 브리토, 브리토보울, 타코로 거의 변화가 없던 메뉴에서 저탄고지의 키토 메뉴, 비건 메뉴 등을 선보입니다. 아침에는 디톡스 주스와 세트를, 저녁에는 마가리타와 세트를 만들었죠.

세 번째는 디지털 주문을 강화합니다. 안 그래도 점심시간마다 몰리는 치폴레는 온라인과 앱 주문을 도입하면서 회전율이 엉망이었는데요. 온라인 주문을 별도로 소화하는 고스트 키친과 온라인 주문 건의 픽업 데스크 따로 만들면서 대기 시간이 평균 10분으로 줄어들었습니다.

또 배달도 시작하고, '치포틀레인'이라 부르는 드라이빙스루 시스템을 갖추었죠. 이러한 준비 덕분에 팬데믹 기간에 프랜차이즈 업계에서는 이례적으로 매출이 훨씬 성장했습니다. 2020년에는 치폴레의 전체 매출에서 모바일 앱 주문이 61%에 달했습니다. 레스토랑 업계에서는 드물게 강력한 디지털 경쟁력을 갖추었다고 평가받고 있습니다.

CEO 브라이언 니콜이 들어오고 나서 매출은 다시 증가하고 치폴레는 계속해서 사랑을 받고 있습니다. 브라이언은 〈포춘Fortune〉에서 선정하는 2019년을 빛낸 기업인에 뽑혔죠. 무엇보다, 그 이후로는 식품에 대한 부정적인 사건이 전무했습니다. 치폴레는 예전에 사랑받았던 이유를 찾고, 이 사랑을 되찾는 데 집중을 한 것입니다.

치폴레

철학을 소비하는 Gen Z

최근 미국의 Z세대가 가장 좋아하는 레스토랑을 조사했는데요. 치폴레는 스타벅스에 이어 2위를 차지했습니다. Z세대는 '너겟을 먹지 않는 세대No Nugget Generation'이라고도 불리는데요. 패스트푸드의 대명사인 맥도날드의 너겟을 먹지 않는다는 뜻이죠.

Z세대는 어느 세대보다 외모에 관심이 많은 세대입니다. 항상 다이어트를 하고, 운동을 생활화하죠. 룰루레몬과 언더아머Under Armour를 입고 운동하는 모습을 인스타그램에 올립니다. 또 콜라와 술을 먹더라도 무설탕을 찾죠. 자연히 먹는 것도 건강식에 주목하게 되는데요. 거하지 않고 가볍게, 빠르고 건강하게 먹고 싶을 때, 타코벨보다는 치폴레가 딱이라고 합니다.

이는 햄버거 분야에서도 마찬가지입니다. 2017년 미국에서 가장 많이 팔린 햄버거 브랜드로 파이브가이즈Five Guys, 인앤아웃, 쉐이크쉑Shake Shack이 각각 1, 2, 3위를 차지했습니다. 맥도날드와 KFC에는 없는 건강한 식자재에 대한 욕구가 높아지고 있는 것이죠.

한편, Z세대가 치폴레를 좋아하는 이유는 또 있습니다. 바로 지속가능성을 강조하고 사회적 책임을 실천하는 기업이기 때문입니다. 치폴레는 2022년 지속 가능 보고서를 발표했는데요. 2022년 치폴레의 총에너지 소비량의 40%는 재생 에너지로 사용했으며, 2030년까지 온실가스 배출량을 절반으로 줄이겠다고 했습니다.

이를 위해, 100% 재생에너지를 사용하는 '책임감 있는 레스토랑' 100곳을 도입하기로 했습니다. 난방이나 요리를 위해 화석연료를 사용하지 않고 100% 전력을 사용하는 거죠. 또, 에너지 효율성 개선을 위해 매장에서는 생분해성 플라스틱 식기류를 사용하고, 선인장 가죽으로 만든 의자를 사용하며, 고객을 위한 전기차 충전 시설도 구축하기로 했습니다.

한편, 또 다른 계획으로는 비건 메뉴를 더욱 늘리기로 했습니다. 실제로 치폴레는 비건 초리조 등 비건 메뉴를 선보였습니다. 또 치폴레는 지속 가능한 농업 중심 스타트업에도 투자를 하고 있습니다. AI와 로보틱스로 재생 농업을 하는 기업 '그린필드 로보틱스 Greenfield Robotics'와 저탄소 질소 비료를 생산하는 '니트리시티 Nitricity'에 투자했죠.

치폴레의 책임 있는 활동은 단지 마케팅이 아니라 생산 활동 전반에 걸쳐서 일어나고 있습니다. 그 결과, 치폴레는 지난 10년간 연평균 매출이 24%씩 성장했습니다. 위기를 맞더라도 꺾이지 않고 진심을 다하는 모습에 MZ소비자들이 반응하고 있는 것이죠.

사회심리학자 진 트웬지 Jean Twenge의 《제너레이션즈 Generations》에 따르면, 향후 주요 소비자로 떠오르는 알파 세대는 지속가능성, 사회적 책임에 관심이 높다고 합니다. 지구환경과 지역 공

치폴레

동체, 인류 공동체의 가치를 추구하는 기업이 그 가치를 더욱 높이 평가받는 거죠.

앞으로 먹거리에 대한 이슈는 더 커질 것으로 보입니다. 먹는 거 가지고 장난치지 말라는 말이 있죠. 건강한 먹거리에 대한 책임 있는 기업이 계속 등장해주기를 기다려봅니다. 아, 치폴레의 한국 진출도요.

기업 읽어드립니다

내 일에 새로운 영감을 주는 브랜드 12

초판 1쇄 발행 2025년 1월 8일 | 2025년 3월 14일 2쇄 발행

지은이 이가희
펴낸이 이가희
편집 뉴돗 기획편집팀
디자인 @paint_kk

펴낸곳 찌판사
출판등록 2022년 1월 10일 제 2022-000010호
E-mail publish@newdhot.com

ⓒ 이가희

ISBN 979-11-986942-8-7(03320)

- 책값은 뒤표지에 적혀 있습니다.
- 잘못 만든 책은 구입하신 서점에서 바꾸어 드립니다.
- 이 책은 저작권법에 따라 보호받는 저작물이므로 무단전재와 무단복제를 금합니다.